Reichel
Verlag

Das Buch

Ingrid Rose Fröhling lässt die unterschiedlichsten Tiere zu den großen Themen Leben und Sterben zu Wort kommen und gibt uns inspirierende, aufwühlende und berührende Einblicke in deren Gefühls- und Gedankenwelt. Sie lässt uns teilhaben an ihrer Weisheit, Liebe und Hingabe. Darüber hinaus gibt die Autorin viele Anregungen und praktische Empfehlungen für die Begleitung unserer Tierfreunde im Alter sowie im Sterbeprozess.

Die Autorin:

Ingrid Rose Fröhling (*1953), feinfühlig und hellsichtig von Kind an, nutzt ihre medialen Fähigkeiten seit 2002 beruflich als Tierkommunikatorin im Dienste der Tiere und ihrer Menschen, gibt Kurse über Tierkommunikation und begleitende Themen. Parallel dazu veröffentlichte sie mehrere Kurzgeschichten, schrieb als Co-Autorin zwei Ratgeberbücher über den therapeutischen Einsatz von Farbe und Licht, wirkte an der Entstehung der beiden CDs *Heilsame Klänge für Tiere I + II* mit, veröffentlichte 2014 ihr erstes Buch über Tierbotschaften als Heilungsimpulse und legt nun ihr zweites Buch zu einem Thema vor, über das wir von den Tieren noch einiges lernen können.

Ingrid Rose Fröhling

Leben und Sterben aus Sicht unserer Tiere

Reichel Verlag

93055 Regensburg
E-Mail: mail@reichel-verlag.de
www.reichel-verlag.de

Cover-Gestaltung: Christian Wolf – www.artworkersdesign.de
Coverbild: menuha - 123rf.com

ISBN 978-3-946959-75-5

Inhalt

Eine Vor-Geschichte
von Amelia Kinkade[1]

Ich habe die letzten dreißig Jahre damit verbracht, in einer magischen Welt voller Schönheit und Geheimnisse zu leben, die die meisten Menschen nie kennengelernt haben – einer Welt, in der Tiere sprechen und wir tatsächlich lernen können, sie zu hören. Während meiner 19-jährigen Lehrtätigkeit als Tierkommunikatorin in siebenundzwanzig Ländern hatte ich das außerordentliche Privileg, Zeuge des Wunders zu werden, Tiere zu verstehen, auf sie zu hören und die Stimme Gottes – die Stimme Gottes nicht nur in ihnen, sondern in jedem menschlichen Wesen – in meinen Studenten auf der ganzen Welt erwachen zu sehen. Ich bin immer in Ehrfurcht vor den Wundern, die in meinen Seminaren in Europa geschehen, besonders in Deutschland und der Schweiz, wo ich in den letzten zwanzig Jahren so oft unterrichtet habe.

Eine Person sticht in meiner Erinnerung hervor, weil diese mein eigenes Leben und die Wahrnehmung verändert hat, wie ich meine eigene Katze und sogar unseren einzigartigen Platz im Universum und die liebevolle Führung sah, die wir ganz sicher haben, wenn unsere Engel und sogar unterstützende „fremde" Familien mit Liebe auf uns herabschauen und uns ihre Hilfe anbieten, wenn wir nur den Mut haben zuzuhören.

Als ich im April 2007 in Frankfurt einen Kurs gab, hatte ich die talentierteste Schülerin im Raum ausgesucht und dieser ein Bild meiner eigenen Katze in Nord-Hollywood vorgelegt. Diese Schülerin war Ingrid Rose Fröhling.

---

[1] Kinkade, Amelia, *Tierisch gute Gespräche – Lerne mit Tieren zu sprechen – Sie antworten Dir*, Reichel Verlag
Tierisch einfach – WARUM und WIE Sie Tiere verstehen und mit ihnen sprechen können, Reichel Verlag
Kinkade, Amelia, *Tierkommunikation mit Gänsehaut*, Reichel Verlag
Hörbuch *Tierisch gute Gespräche – Mit Tieren sprechen lernen!*, Reichel Verlag

Lassen Sie mich Ihnen zunächst ein wenig über meine „verrückte“ kleine Katze und ihr unglaublich bizarres Verhalten erzählen! Der Star meines zweiten Buches *Tierisch einfach – Warum und WIE Sie Tiere verstehen und mit ihnen sprechen können* ist eine schöne schwarz-weiße Katze namens Florabelle. Ich hatte die alte Tante Flo, wie ich sie nannte, von der berühmten amerikanischen Autorin Susan Chernek McElroy geerbt. Flo hatte Susan vermutlich von einer unheilbaren Krebserkrankung geheilt. Dann heilte sich die Katze selbst von Katzenleukämie und erholte sich von einem Unfall, der sie hätte töten sollen. Sie lehrte mich so viele schöne Dinge über das Leben, den Tod, die emotionale Gesundheit und vor allem, wie man seine Krallen ausstreckt und „Nein“ sagt, wenn es wirklich nötig ist. Florabelle hätte nicht länger als 48 Stunden leben dürfen, als ich sie nach dem Angriff eines Hundes mit einer klaffenden Wunde blutend nach Hause flog, damit sie friedlich in meiner liebevollen Obhut sterben konnte. Dreieinhalb Jahre später war die alte Flo immer noch da, ein Zeugnis dafür, dass bedingungslose Liebe und Verehrung wirklich wunderbare Heilungen bewirken können.

Aber als Florabelle schließlich starb – ohne meine Hilfe –, war ich am Boden zerstört. Obwohl ich wusste, dass sie im Himmel in Sicherheit war, und obwohl sie mir periodisch in ihrem Engelskörper erschien, war meine Trauer sehr tief.

Fast auf den Tag genau ein Jahr nach Florabelles Tod erschien eine Katze vor meiner Haustür in Nord-Hollywood. Diese weibliche Katze sah fast genauso aus wie Flo, außer dass sie grau-weiß statt schwarz-weiß war. Diese Katze verhielt sich völlig wild, erschien wie aus dem Nichts vor meiner Tür und bestand darauf, in meine Wohnung zu ziehen und mit mir zu leben! Sie hatte eine Kerbe im Ohr, was darauf hinwies, dass sie eine wilde bzw. streunende Katze war, die wie viele andere von Tierliebhabern in Los Angeles gefangen wurde, um sie zum Tierarzt zu bringen, sie zu kastrieren und dann wieder freizulassen.

Als ich sie bei mir aufnahm, verhielt sie sich erstaunlich zutraulich, aber sie hatte einige der seltsamsten Verhaltensweisen, die ich

je gesehen hatte. Sie wusste nicht, wie man isst. Sobald sie bei mir
einzog, kaufte ich ihr frisches Hühnchen. Ich legte ihr ein Stück
Hühnchen unter die Nase, und sie fragte mich: „Was ist das?“ Ich
antwortete: „Das ist Essen. Das ist Futter für Katzen.“ Sie ver-
schlang das Stück Huhn, als hätte sie noch nie einen Bissen geges-
sen, und sagte: „Das ist das Köstlichste, was ich je in meinem Le-
ben gegessen habe!“ Ich fragte mich, ob dieses seltsame Verhalten
darauf zurückzuführen sein könnte, dass sie nie frisches Hühnchen
gegessen hatte, aber sie reagierte auf diese Weise auf ALLES Fut-
ter, sogar auf Katzentrockenfutter!

Eine weitere ihrer Eigenheiten kam zum Vorschein, als ich sie
das erste Mal in ein kleines Katzenklo setzte. Als sie dann ihren
Kot bemerkte, drehte sie sich um, schaute, was aus ihr herausge-
kommen war, und schrie! Sie rannte schreiend durch die ganze
Wohnung! Als ich fragte, was los sei, fragte sie: „DAS kam aus
MIR heraus?“ Ich habe so sehr gelacht! Ich versicherte ihr, dass ihr
Körper solche übelriechenden Dinge produzieren würde und sie
sich an den Gedanken gewöhnen müsse!

Nun, ich hatte nicht vor, Beweise für die Reinkarnation zu lie-
fern. Dass es Reinkarnation gibt, hat sich einfach durch Geschich-
ten offenbart, die mir die Tiere und ihre menschlichen Gefährten
Tausende Male erzählt haben, dass ich also dasselbe Wesen in ei-
nem neuen Körper wieder vor mir habe, wenn der Geist eines ge-
liebten Tieres eine neue Form annimmt. Diese Katze war sicherlich
nicht Flo, aber sie schien von Flo „geschickt“ worden zu sein. Flo-
rabelle war eine sehr alte Seele, während diese neue Katze, die ich
liebevoll Virginia Sue Ann aus dem Weltall nannte, ihr ERSTES
Leben auf der Erde zu erleben schien. Sie konnte normale Gegen-
stände oder Handlungen einfach nicht identifizieren, und sie schien
sich vor absolut allem auf der Erde zu fürchten. Ich verliebte mich
wahnsinnig in sie und wollte sie in Ehren halten, um sie vor all den
beängstigenden Dingen auf der Erde zu schützen.

Aber hier beginnt die Geschichte erst richtig: Als ich Virginia
fragte, woher sie stammte, und ich überlegte, ob sie vielleicht in
der Nachbarschaft gelebt und mich in meine Wohnung kommen

und gehen gesehen hatte, bekam ich nie eine Auskunft. Meine Wohnung lag im zweiten Stock! Nicht so leicht zu erreichen, aber Virginia schien genau zu wissen, in welcher Wohnung ich mich befand und wie sehr ich sie lieben würde, wenn sie auf meiner Türschwelle auftauchen und mich bitten würde, ihre Menschenmutter zu sein!

Doch immer, wenn ich sie nach ihrer Vergangenheit fragte, tat sich nichts als eine große Lücke auf! Selbst ich konnte nicht auf ihre Geschichte zugreifen und „die Aufzeichnung im Quantenfeld lesen“, die mir helfen würde, ihre Herkunft zu identifizieren!

Wieder einmal flog ich nach Europa und ließ Virginia sicher bei einem Katzensitter in Nord-Hollywood zurück. Bei dem genannten Seminar in Frankfurt legte ich der Teilnehmerin Ingrid Rose ein Foto von Virginia vor und bat sie, meine Katze zu fragen:

„Wo kommst du her? Und wie hast du mich gefunden?“

Ingrid Rose starrte das Foto an, zog sich zurück, nahm über die Liebe Kontakt auf und betrat Virginias energetisches Feld. Später schilderte Ingrid Rose mir, dass sie emotional sehr bewegt war, auch weil sie das, was sie von Virginia wahrnehmen konnte, schier unglaublich fand.

Virginia sagte: „Ich habe deine Lichtlinien gesehen und gerochen. Ich befand mich in einer Art Raumschiff und blickte auf eine Karte der Vereinigten Staaten hinunter. Die Menschen hinterlassen auf ihrem Weg durchs Leben Lichtspuren. Deine Spur war stärker als die Spuren, die die anderen Menschen hinterlassen, auch weil deine Lichtspur eher der eines Tieres gleicht. Das Schiff hat dich und deine Wohnung gefunden. Dann gab es einen Lichtblitz. Und ich saß plötzlich vor deiner Tür!“

Nun, ich gebe zu, ich hatte davor zwei anderen Studenten in zwei anderen Ländern dieselbe Frage gestellt, und egal wie talentiert sie waren, die Studenten hatten auch keinen Zugang zu einer Geschichte von Virginia auf der Erde. Doch auch sie sagten: „Sie kam aus dem Weltraum. Ich sehe Astronauten und höre ein Klatschen, dann erschien sie vor Ihrer Tür.“ Ein anderer sagte: „Sie kam aus dem Universum. Man könnte sagen, es war ein Raumschiff …“ Aber was Ingrid Rose mir zusätzlich anbot, gab mir Trost und Einsichten, die ich nie vergessen werde.

Eine andere Schülerin, eine deutschsprachige Tierärztin und ebenfalls medial sehr begabt, bestätigte, dass, während ein Tier für eine Operation unter Narkose steht, wie es bei Virginia bei ihrer Kastration der Fall war, eine Seele mit einer anderen „den Platz tauschen“ und in den Körper eines bereits existierenden Tieres „hineinspazieren“ kann.

Mir war bewusst, dass Menschen hier unten auf der Erde von einer höheren Form außerplanetarischer Intelligenz bewacht und geleitet werden. Ich wusste auch schon immer, dass Katzen die mächtigsten interdimensionalen Reisenden sind und dass sie in ihrem Design – ein Meisterwerk von Mutter Natur – so überlegen sind, dass diese heiligen Entwürfe und übernatürlichen Kräfte nicht auf der Erde „entstanden“ sein können.

Ingrid Rose hat dieses Wissen über die Katzenmagie noch erweitert! Sie zeigte mir, dass unsere „außerirdischen“ Vorfahren und Familienmitglieder im „Himmel“ sogar Katzen bis vor unsere Haustür bringen können! Dass sie also aktiv auf unsere Welt einwirken können. Ich war so beeindruckt von dem, was sie mir erzählte, dass ich es nie vergessen werde. Ingrid Rose hat mein Leben für immer verändert!

Was für eine magische Welt, in der wir leben! Und was für eine magische Gabe Ingrid Rose Fröhling hat, um dem Ganzen einen Sinn zu geben!

Lassen Sie sich von ihr leiten und Ihnen helfen, die verborgene Fähigkeit in Ihnen zu entdecken, Kontakt zu Ihren Tieren aufzunehmen und von ihrer Weisheit belehrt zu werden.

Amelia Kinkade, Juni 2020
Laut New York Times Nr. 1 in der Tierkommunikation

Vorwort von Renate Dimter

Auf der Suche nach einer Tierkommunikatorin, bei der ich den letzten Teil meiner Ausbildung absolvieren konnte, stieß ich durch das Internet auf Rose. Schon bei unserem ersten Gespräch spürte ich eine Übereinstimmung zu allen Themen der Tierkommunikation und eine tiefe Verbundenheit in der Liebe zu Tieren und Natur. Ihre Sanftheit, ihr Einfühlungsvermögen beim Erklären und Führen faszinierten mich von Anfang an. Ich spürte, dass Rose die Richtige für mich ist. Meine Mentorin war gefunden.

Ich besuchte bei Rose einige Seminare, die mich in meiner Entwicklung zur Tierkommunikatorin weiterbrachten. Auch in den Zeiten zwischen den Seminaren standen wir in gutem Kontakt und arbeiteten auch oft zusammen. Dabei ergänzten wir uns sehr gut. So war es für mich ein großes Glück, Rose an meiner Seite zu haben, als sich meine Hündin Lilly im Jahr 2012 entschied, das irdische Leben zu verlassen.

In der Zeit des Sterbeprozesses hatten Rose und ich intensiven Kontakt und wir arbeiteten eng zusammen. Durch mehrere telepathische Kontakte konnte ich erfahren, wie sich die jeweiligen Befindlichkeitssituationen für Lilly darstellten, was in dieser Zeit noch wichtig für sie war, welche Wünsche sie noch hatte und welche Botschaften sie mir mit auf meinen Weg geben wollte. Ich erfuhr durch Rose, dass Lilly in unserem Flur sterben wollte, vor unserer alten Holztür. Bis zu diesem Ort ist sie dann auch noch selbstständig gelaufen und hat dort mit mir zusammen und meiner jungen Hündin Jolly drei Tage und Nächte lang gelegen. Begleitet von der Musik der CD „Heilsame Klänge für Tiere. Vollendung, Loslassen, Neubeginn“ verbrachten wir dort sehr intensiv Lillys letzte Lebenszeit. Diese Musik hat sich auf Lilly und auch auf mich beruhigend ausgewirkt.

Auch wenn sich für mich alles stimmig anfühlte, gab es immer wieder Zweifel meinerseits, und oft kam auch eine Mutlosigkeit auf, von Fragen begleitet wie: Ist das alles richtig so? Geht es Lilly gut? Diese menschlichen Zweifel und Fragen sind, wie ich natürlich weiß, ganz normal. Wird uns doch von der Gesellschaft suggeriert, dass man Tiere nicht leiden lassen soll und man sie erlösen darf, ja soll.

Durch Rose an meiner Seite habe ich mich immer wieder stark und bestätigt gefühlt in dem, was ich tat. Sie hat meine Zweifel ausgeräumt, indem sie mit Lilly kommunizierte und mir auf diesem Weg vermittelte, dass alles richtig und gut so ist, wie es ist. Für diese liebevolle und mutmachende Sterbebegleitung bin ich Rose sehr dankbar. Diese Zeit möchte ich nicht missen. Es war die intensivste Zeit, die ich mit meiner Hündin erleben durfte. Sie lag in meinen Armen, und es gab nur uns, wir waren „Eins“. Als Lilly sich auf den Weg ins Licht machte, konnte ich beobachten, wie ihre Seele in den schönsten Farben ihren Körper verließ. Rose und ich haben Lilly gemeinsam auf ihrer Reise begleitet. Auf ihrem Weg hat sie sich bei Rose und mir bedankt und uns vermittelt, dass alles, was wir für sie getan hatten, richtig war. Lillys letzte Worte, bevor sie ins Licht trat, waren: *„Wir sehen uns wieder.“* Sie möchte auf die Erde zurückkommen.

Die Urne mit Lillys Asche stand nun einige Jahre in meinem Zimmer, ich war nicht bereit, ihr altes Haus herzugeben. Angeregt durch Roses aktuelle Erfahrungen mit der Asche ihrer Tiergefährtinnen und einer zeitgleichen telepathischen Kommunikation zwischen Rose und Lillys Seele bin ich einen großen Schritt weitergekommen. Die Urne habe ich vor wenigen Tagen an Lillys Wunschplatz in meinem Garten gestellt … und ich fühle große Erleichterung. Innerlich bin ich in Vorbereitung, Lilly ganz der Erde zu übergeben.

Einen herzlichen Dank, Rose, für deinen Beistand damals und heute, und dafür, dass ich dich kennenlernen durfte. Deine Bitte an mich, ein Vorwort für dein Buch zu schreiben, hat mich sehr berührt. Es ist mir eine Ehre, dir diesen Wunsch erfüllen zu dürfen. Danke für dein Vertrauen.

Renate Dimter, Tierkommunikatorin, August 2020

Vorwort von Peter Freitag

Ich hatte mich schon seit längerem mit telepathischer Tierkommunikation beschäftigt und die meisten Werke, zumindest der bekannten Tierkommunikatoren, gelesen. Mein Wunsch war umso größer, selbst eine Person kennenzulernen, die mit „Tieren sprechen“ konnte. Durch Zufall – doch Zufälle gibt es bekanntlich nicht – trat Ingrid Rose Fröhling in mein Leben und führte mich in beglückender Weise in die innere Welt meiner geliebten Tiere ein. Erst durch diese unmittelbare Kommunikation wurde mir bewusst, was es wirklich bedeutet, wenn man sagt, dass auch Tiere eine Seele und ein Bewusstsein haben. Die Bedeutung der tierischen Welten für uns Menschen sowie die Schönheit und Liebe ihres Denkens erschließen völlig neue, bisher unbekannte Dimensionen.

Ich bin überzeugt, dass die telepathische Tierkommunikation dazu beitragen kann und wird, das Verständnis zwischen der Welt der Menschen und der Welt der Tiere, welches leider zutiefst gestört und am desolaten Zustand der Erde mitschuldig ist, auf eine höhere Ebene zu heben. Die Tiere arbeiten bereits daran. Nun müssen immer mehr Menschen ebenfalls auf eine höhere Bewusstseinsstufe gelangen, und dabei können uns mediale Menschen wie Ingrid Rose Fröhling und ihre Kolleginnen und Kollegen weltweit wertvolle Hilfe leisten, wofür ich mich sehr bedanke.

Im Sinne der Thematik dieses Buches möchte ich noch einige persönliche Erfahrungen mit Sterbebegleitung hinzufügen: Als mein geliebter Kater Kobold nach 17 Jahren diese Welt verlassen wollte, war ich zutiefst verzweifelt, ratlos und in Panik, als wir ihn nach kurzer schwerer Krankheit erlösen mussten. Beim nächsten Sterbefall in meiner Katzenfamilie, als es um meine geliebte und weise Katze Aristaia ging, war ich in einer völlig anderen Situation, Dank der Tierkommunikation. Ich hatte ja in der Zwischenzeit Ingrid Rose Fröhling kennengelernt, und sie hatte mir die Möglichkeit erschlossen, die Meinung und den Wunsch meiner Katze zu erfahren. Aristaia teilte mir mit, dass sie noch einige wichtige Aufgaben außerhalb meines Hauses zu erledigen hätte.

Sie musste sich um einen Wurf junger heimatloser Katzen mitkümmern, und das sei der Grund, warum sie jetzt des Öfteren länger wegblieb und nicht wie gewohnt nach Hause kam. Und sie bereitete mich darauf vor, dass sie zum Übergang nicht zurückkommen werde. Ich war natürlich sehr traurig, sie nicht in ihren letzten Stunden begleiten und auch nicht in meinem Garten beerdigen zu können, aber bei aller Trauer habe ich ihre Entscheidung akzeptiert und war ihr zutiefst dankbar, mir durch ihre Vorhersage quälende Ungewissheit, Schuldgefühle und Verzweiflung erspart zu haben. Auch nach ihrem Übergang hatte sie noch eine sehr schöne Botschaft für mich.

Einige Zeit später zeigte Taiga, die Tochter von Aristaia, plötzlich Lähmungserscheinungen, sie konnte nicht mehr laufen. In der Tierklinik stellte man dann per MRT[2] fest, dass sie einen Tumor im Rückgrat hatte, der die Nervenbahnen blockierte. Da unheilbar, wurde eine sofortige Sterbehilfe empfohlen. Einem Gefühl folgend aber bat ich Ingrid Rose Fröhling, einen Kontakt mit ihr herzustellen. Taiga wollte jedoch noch nicht sterben, auch sie hatte noch eine Aufgabe. Wie durch ein Wunder konnte sie anschließend wieder gehen. Für die Ärzte der Tierklinik war das absolut unverständlich. Taiga und mir wurden 4 Wochen weitere Gemeinsamkeit geschenkt, die viel enger und liebevoller war als je zuvor. Dann stellte sich das Leiden wieder ein. Ich habe die Phase des Sterbens mit der intensiven Begleitung als eine mich – bei aller Trauer – beglückende Erfahrung empfunden. In einem letzten Gespräch teilte sie dann den Wunsch mit, kein Dauerpflegefall sein zu wollen und dass wir ihren Übergang einleiten sollten. Sie konnte dann friedlich in meinen Armen sterben.

Diese drei exemplarischen Fälle mögen zeigen, welch ein Segen die telepathische Tierkommunikation sein kann: mehr Klarheit und weniger Leid für Mensch und Tier.

Peter Freitag, Salem, Juli 2020

---

[2] MRT = Magnetresonanztomographie, wird in der medizinischen Diagnostik zur Darstellung von Struktur u. Funktion der Gewebe und Organe im Körper eingesetzt.

Einleitung

Die Geburt eines Lebewesens, wenn also ein beseeltes Wesen in die für uns sichtbare Welt eintritt, wird mit freudiger Aufregung vorbereitet und erwartet; davon dürfen wir im Hinblick auf den Wohlstand der wirtschaftlich einigermaßen stabilen Länder ausgehen. Beim Anblick eines neugeborenen Menschenkindes oder Tierbabys werden wir von dem Wunder der Schöpfung berührt, wir staunen, jubeln oder werden ganz still vor Ehrfurcht.

Das Befassen mit dem anderen großen Tor im Leben, Sterben und Tod genannt, wird von vielen Menschen immer noch verdrängt, auch wenn es um ihre geliebten Tiergefährten geht. Doch dann ist der Zeitpunkt plötzlich da, und damit oft auch die Rat- und Hilflosigkeit.

Für die Tiere ist Sterben „die Vollendung ihres Lebens" und der bewusste Schritt in eine andere Seinsform, egal wie lang ihr Leben gedauert hat. Keines der vielen Haustiere, mit denen ich nach ihrer Vollendung Kontakt haben durfte, hat das je anders beschrieben.

Ich kann in diesem Buch allerdings nur auf die Tiere eingehen, die die Menschen als Haustiere im Alltag begleiten, die ein Menschenleben bereichern, die gestreichelt werden, die in passenden Unterkünften, weichen Körbchen oder sogar im Bett ihrer menschlichen Begleiter schlafen dürfen – und auf Sie, liebe Leserinnen und Leser, die Sie die Verantwortung für Ihre tierlichen Gefährten übernommen haben.

Vielleicht erhalte ich eines Tages den Auftrag der Tiere, über die andere Realität zu schreiben, darüber, was Tiere empfinden, die im Schlachthof nach qualvollen Jahren in engen dunklen Ställen getötet wurden. Darüber, was Tiere denken und fühlen, die eingefangen wurden und in einer Tötungsstation auf Vermittlung oder auf die Tötung warten. Darüber, wie die Seelen von Tieren in Tierversuchslaboren zittern und dort tatsächlich die schnelle Erlösung durch Menschenhand herbeisehnen. In meinem Alltag wende ich mich diesen Situationen häufig zu, auch wenn es sehr schmerzhaft ist, ich bete, segne und meditiere die Vision einer Welt, in der die Menschen liebevoll und friedlich mit allen tierlichen Brüdern und Schwestern umgehen.

Alles, was Sie in diesem Buch lesen werden, basiert auf Erfahrungen und Erkenntnissen, die ich dank einer telepathischen Verständigung auf Herzensebene und ohne gesprochene Worte machen und gewinnen durfte. Die telepathische Tierkommunikation ist ein Segen. Es gibt so viele Missverständnisse im Zusammenleben mit Tieren – und Leid, das daraus hervorgeht. Dank der Tierkommunikation lassen sich diese Missverständnisse auflösen, die Nöte und Bedürfnisse können klar benannt und damit die Befindlichkeit und Lebensqualität unserer Tiergefährten wesentlich verbessert werden.

Tierkommunikation gab es schon immer und in allen Kulturen, war jedoch lange in Vergessenheit geraten oder wurde als esoterischer Hokuspokus abgetan. Im Jahr 1995 erschien die deutsche Erstausgabe von *Gespräche mit Tieren* der US-Tierkommunikatorin Penelope Smith im Verlag Zweitausendeins. Dieser Verlag wagte sich damals schon an „heiße Eisen". Rupert Sheldrakes Buch *Der 7. Sinn der Tiere* folgte 1999. Der Untertitel *Warum Ihre Katze weiß, wann Sie nach Hause kommen und andere bisher unerklärte Fähigkeiten der Tiere* scheint ebenfalls auf telepathische Kommunikation hinzuweisen, doch der Autor legte seinen Schwerpunkt auf bislang unbeachtete Fähigkeiten der Tiere, was natürlich ebenfalls ein gewaltiger Vorstoß in die – aus meiner Sicht – gewünschte Richtung war. Das erste Buch von Amelia Kinkade erschien 2001 in den USA, die deutsche Ausgabe folgte 2003.

Tiere leben im Jetzt. Sie wissen dennoch um ihre irdische Vergangenheit und haben Einblicke in die irdische Zukunft, doch sie halten weder gedanklich noch emotional daran fest. Selbst wenn sie sich als Haustiere Gewohnheiten zulegen oder sich aufgrund traumatischer Erfahrungen blockiert verhalten (die Menschen nennen das „störend"), identifizieren sie sich nicht mit dem traumatischen Ereignis, denn sie haben kein Ego.

Das Ego, wie ich es verstehe, ist (kurz gefasst) ein Aspekt des unbewussten Erden-Ichs des Menschen, definiert sich über die Ereignisse und Prägungen aus der Vergangenheit, identifiziert sich mit gesellschaftlichen Normen, gedanklichen Vorstellungen, nährt sich aus Mangeldenken, Drama und Leid und sucht ständig Bestätigung im Außen.

Tiere sind normalerweise durch ihren Körper und ihre Instinkte geerdet und gleichzeitig sehr stark ins Geistige ausgerichtet, sind mit dem verbunden, was wir Menschen das SEIN oder ALLES-WAS-IST nennen. Daher haben sie Zugang zu übergeordneten Zusammenhängen. Manchen Tieren ist eine starke Verbundenheit zu ihrer Gruppenseele eigen, andere haben sich durch das Zusammenleben mit Menschen individualisiert. Sie lassen sich von ihrer Intuition, ihrem Instinkt und ihrer Verbindung mit der allumfassenden göttlichen Weisheit und Liebe leiten. Sie müssen sich kein Wissen aneignen, um weise oder im Sinne einer höheren Ordnung agieren zu können.

Tiere sind Liebe pur. Ihre Liebesfähigkeit treibt im positivsten Sinne dieser Redewendung die tollsten Blüten, zeigt sich häufig versteckt, also unerkannt. Sie sind uns Spiegel und möchten uns mit ihrem Sein, ihrem Verhalten und ihren Symptomen auf unserem Wachstums- und Bewusstseinsweg helfen – und auch mal korrigieren. Die Worte, Sätze, Botschaften, die ganze Art und Weise, wie Tiere in einer Kommunikation selbst auf heikle Themen so sanft und liebevoll eingehen, damit ihre Menschen diese annehmen können, bescheren mir bei jedem Tiergespräch Gänsehaut-Gefühle. Selbst mit meiner angelernten Wortgewandtheit könnte ich niemals diese Qualität erreichen, die eine Tierbotschaft in sich trägt. Auch ihre Wortneuschöpfungen oder ihre Hinweise auf die ursprünglichen Bedeutungen oder doppelte Lesarten von Worten verblüffen mich immer wieder.

Die Fähigkeit, mit Tieren zu sprechen und sie zu verstehen, wurde mir in die Wiege gelegt. Obwohl ich sie nach einigen unschönen Erfahrungen als Kind beinahe fünf Jahrzehnte lang verdrängt hatte, aus Angst vor Ablehnung, Strafe und anderen noch unbewussten Blockaden, suchte sie sich einen Weg zurück in mein Bewusstsein als Erwachsene und in meinen Alltag. Ein Tier half mir dabei ganz wesentlich: meine Katze Maja.

Mit Amelias Vor-Geschichte und Virginias Mitteilung über ihre Herkunft werden Sie, liebe Leserinnen und Leser, sich vielleicht noch mehr herausgefordert fühlen als allein von der für mich selbstverständlichen Feststellung, dass Tierkommunikation funktioniert, und wie ich in diesem Buch ebenfalls ganz selbstverständlich darüber schreibe, dass ich mit Tieren spreche und sie mit mir, und das auch noch ziemlich ausführlich.

Ich möchte Ihnen jedoch etwas verraten: Damals in Frankfurt, als Amelia, die weltberühmte Tierkommunikatorin, mit dem Foto ihrer Katze auf mich zukam, mich um eine Kommunikation mit ihr bat und diese mir dann etwas von Weltraum und Lichtlinien erzählte, war ich in höchstem Maße herausgefordert. Ich weiß wirklich nicht, was mich davon abhielt, sofort klammheimlich den Seminarraum zu verlassen, spätestens dann, als ich diese schier unglaubliche Mitteilung von Virginia empfangen hatte. Ich redete mir immer wieder zu, dass ich ja jederzeit gehen könnte, es kannte mich ja niemand aus der großen Teilnehmergruppe, und brachte irgendwie doch all meinen Mut auf, mit Virginias Antworten zu Amelia zu gehen. Sie hörte mir aufmerksam zu. Dann bemerkte ich Tränen in ihren Augen, und Amelia umarmte mich. Da wusste ich, dass ich nicht abreisen musste.

Diese unerwartete Prüfung hatte ich also bestanden. Darüber hinaus erweiterte Virginias Mitteilung mein Weltbild, und sogar Amelia gesteht, dass die Botschaft ihrer Katze ihr Leben veränderte.

Darf ich Sie also einladen, etwas vielleicht bislang als unwahrscheinlich Eingestuftes einmal „für wahr" zu nehmen, und wenn es nur versuchsweise ist? Die Schöpfung lässt uns in ihrer Genialität an unzähligen Wundern und Überraschungen teilhaben; sie hält sich nicht an die begrenzten Vorstellungen der Menschen, sondern weitet unser Bewusstsein, wenn wir uns dafür öffnen!

Kapitel I
Die optimale Einstimmung

Haustiere sind Familienmitglieder

Je besser sich die menschlichen Gefährten – ich verwende diese Bezeichnung lieber als „Tierhalter" – auf den Abschied einstimmen, desto leichter und entspannter kann der Übergang, die Vollendung eines Tiergefährten werden. Dank der telepathischen Tierkommunikation können wir die Tiere schon einige Zeit vor ihrer Vollendung fragen, was sie ihren Menschen dazu sagen wollen, natürlich auch und vor allem dann, wenn die Anzeichen ganz deutlich zu erkennen sind.

Wie Sie also in dieser Zeit sinnvolle Hilfe und Begleitung geben können, anstatt in hilflosen Aktionismus zu fallen, wie Sie Ruhe bewahren, eine besinnliche und feierliche Atmosphäre schaffen können für diesen bedeutsamen Augenblick, wenn das geliebte Tier in die andere Welt hinübergeboren werden will, statt Stress und Panik zu verbreiten … darüber möchte ich in diesem Buch schreiben und Ihnen so viele Anregungen und Hilfestellung wie möglich geben.

Haustiere sind Familienmitglieder, ob sie als solche betrachtet werden oder nicht. Der Tod eines Tieres ist für die meisten Menschen mindestens so gravierend wie der Tod eines menschlichen Familienmitglieds, zumal gerade bei älteren und alleinstehenden Menschen das Haustier die einzige emotionale Beziehungsmöglichkeit ist, und oft sind Tiere auch Partnerersatz.

In unserer westlichen Gesellschaft werden Altwerden und Sterben vermehrt aus dem Familienleben ausgegrenzt, es gibt immer mehr Altenheime und Hospize. Nichts gegen diese Einrichtungen an sich, sie sind wichtig für die Menschen, die sonst wirklich niemanden haben.

Bei alten und kranken Tieren machen es sich manche Menschen noch einfacher: das Tier wird eingeschläfert, sobald es nicht mehr zufriedenstellend funktioniert. Wer hat schon noch Zeit, sich intensiv um ein krankes Tier zu kümmern, wenn man doch berufstätig und die Karriere so wichtig ist? Da spricht man dann vom „Erlösen“. Das Tier soll erlöst werden … Stimmt das?

Viele meiner Klientinnen und Klienten haben eine solche Entscheidung eben aus den genannten Gründen getroffen, doch sie haben danach gespürt, dass es nicht gut und richtig war, und wurden von Schuldgefühlen gequält. Sie wollten es dann beim nächsten Tier anders machen, hörten von Tierkommunikation … und kamen zu mir. Sie gaben zu, voller Reue, dass sie diese Erlösung hauptsächlich für sich taten, denn sie hatten keine Zeit, wollten in Urlaub fahren, waren vom Anblick ihres kranken oder alten Tieres überfordert, kamen an ihre Grenzen, fühlten sich hilflos und ohnmächtig. Sie konnten damals auch noch nicht reflektieren, dass sie an die eigene Vergänglichkeit erinnert wurden. Ich glaube, dieser Punkt ist besonders schwerwiegend: mit der Angst vor Krankheit und Bedürftigkeit sowie der eigenen Endlichkeit konfrontiert zu werden.

Wenn es möglich ist, in einer Partnerschaft und Familie offen mit diesem Thema umzugehen, darüber zu sprechen, kann man Sterbebegleitung und schließlich gelebte Trauer parallel mit der weiteren Teilnahme am Leben verbinden. Damit hilft man nicht nur sich selbst, sondern ist auch tröstendes und stärkendes Beispiel für andere Menschen.

Sind wir uns unserer Vergänglichkeit bewusst, können wir präsenter im Hier und Jetzt leben und uns der Verantwortung für das Jetzt bewusster werden. Im Hier und Jetzt leben heißt auch, wichtige Anliegen und Herzenswünsche nicht ständig auf morgen oder eine noch fernere Zukunft zu verschieben, sondern zu erledigen bzw. zu realisieren, was jetzt und heute möglich ist. Und das ist meist mehr, als man so glaubt, wenn wir diese Dinge erstmal hinterfragen …

Bewusst im Hier und Jetzt zu leben heißt auch, dankbar zu sein und das zu schätzen, was man gerade hat: die Familie, den Partner, die Freunde, die Tiergefährten, das Haus oder die Wohnung und alles, was wir sonst noch haben, nutzen und teilen dürfen. Das bedeutet auch, sich über die einfachen schönen Dinge des Lebens zu freuen: an der Natur, an einem wärmenden und lichtspendenden Sonnenstrahl oder auch an einem erfrischenden und auf der Haut prickelnden Regentropfen, über einen unerwarteten tiefen bis ins Herz gehenden Blick eines Tiergefährten, ein unerwartet echtes Lächeln von der Dame an der Kasse im Supermarkt, einen lieben Gruß per Postkarte, eine gelungene Arbeit, eine gelöste Aufgabe, mag sie uns noch so unbedeutend vorkommen.

Da die meisten Haustiere eine viel kürzere Lebenserwartung haben als Menschen, kommen sie gar nicht drum herum, sich mit dem Thema Altwerden und Sterben ihrer tierlichen Begleiter auseinanderzusetzen. Doch diese kürzere Lebensspanne hat den Vorteil, dass die Menschen daran erinnert werden, sich mit jeder Faser ihres Lebens über jede Sekunde mit ihrem Tier und über sein Wesen zu freuen und die Zeit mit ihm zu genießen.

Was ich in diesem Buch vermitteln möchte, ist natürlich stark von meinen Erfahrungen als Tierkommunikatorin und dem, was ich aus unzähligen Tiergesprächen schöpfen durfte, geprägt. Ein Tierarzt oder ein Landwirt würde anders an dieses Thema herangehen. Nun ist es ja sowieso unmöglich, allumfassend über Leben, Sterben und Tod zu schreiben. Schier unendlich viele Betrachtungsweisen, Facetten, Untersuchungen, Theorien und Erfahrungen – und vor allem ganz viel Nicht-Wissen oder noch Unbekanntes, Unerforschtes gibt es da.

So begab ich mich also in aller Demut und Ehrfurcht vor dem Leben und dem, was wir das Jenseits nennen, an dieses Buchprojekt. Ach, und hätten die Tiere mich nicht beauftragt, mich dringlich gebeten, Sterben, Tod und das Danach aus ihrer Sicht zu beschreiben und aus dem Material für Kurse über Sterbebegleitung für Haustiere, die ich viele Jahre lang gab, ein Buch zu verfassen, ich wäre vermutlich nicht auf die Idee gekommen, meine vielen Erfahrungen und all das Wissen, das ich von den Tieren erhalten habe, niederzuschreiben.

Ich hoffe sehr, dass ich viele Ihrer Fragen, die Sie zu diesem so tiefgreifenden Thema haben, beantworten und Ihnen dienliche Hinweise und Möglichkeiten an die Hand geben kann. Antworten auf Fragen, auf die Sie hier keine Antwort finden, dürfen Sie sich von Ihren geistigen Ratgebern erhoffen, die Sie kennenlernen werden, wenn Sie sich auf die Übungen bzw. geführten Meditationen einlassen, und manche Fragen bleiben vielleicht noch eine Zeit lang offen …

Wenn ich bedeutsame Fragen in mir bewege, noch keine Antwort in Sicht ist und ich deshalb aufgeregt oder besorgt bin, finde ich in diesen Zeilen von Rainer Maria Rilke oft wieder zur inneren Ruhe:

Über die Geduld

Man muss den Dingen
die eigene, stille
ungestörte Entwicklung lassen,
die tief von innen kommt
und durch nichts gedrängt
oder beschleunigt werden kann,
alles ist Austragen - und
dann Gebären …

Reifen wie der Baum,
der seine Säfte nicht drängt
und getrost in den Stürmen des Frühlings steht,
ohne Angst,
dass dahinter kein Sommer
kommen könnte.

Er kommt doch!
Aber er kommt zu den Geduldigen,
die da sind, als ob die Ewigkeit
vor ihnen läge,
so sorglos, still, weit …

Man muss Geduld haben
mit dem Ungelösten im Herzen
und versuchen, die Fragen selber lieb zu haben
wie verschlossene Stuben
und wie Bücher, die in einer sehr fremden Sprache
geschrieben sind.

Es handelt sich darum, alles zu leben.
Wenn man die Fragen lebt, lebt man vielleicht allmählich,
ohne es zu merken,
eines fremden Tages
in die Antworten hinein.

Ja, denn stets lebte ich in die Antworten hinein … oder die Antworten fanden mich, sie waren manchmal einfach da, wurden mir zugetragen oder ich träumte sie.

Ich werde Ihnen Anleitung an die Hand geben, damit Ihre Tiergefährten die Gelegenheit bekommen, Ihnen ihre Antworten auf Ihre Fragen ins Herz zu legen, um sie entweder sofort oder eines Tages verstehen zu können. Dafür müssen Sie keine Kurse in Tierkommunikation besuchen, denn ich erinnere Sie an etwas ganz Natürliches, etwas, das jedem Lebewesen, sogar dem kopflastigsten Menschen, zu eigen ist.

Dieses Buch beinhaltet eine Mischung von ganz praktischen Informationen sowie spirituellen Inhalten. Meine wichtigsten Lehrer zu diesem Thema waren und sind noch immer die Tiere, im Besonderen Maja und Purzel, zwei meiner Katzengefährtinnen, die mir in den Wochen und Monaten vor ihrer Vollendung – sowie auch danach – sehr viel Wissen mitgegeben haben. Sie haben mir all die Zeit geschenkt, die ich brauchte, um ihren Vollendungsprozess zu verstehen und sie loszulassen, bevor sie vollendeten. Auch durch die vielen Kontakte mit Seelen vollendeter Tiere sowie durch Gespräche mit lebenden Tieren von Klienten wurde und werde ich gelehrt. Immer wieder erfahre ich Neues, und das nach nun beinahe 20 Jahren Berufserfahrung.

Einige wenige Bücher über Sterben und den Tod habe ich natürlich auch gelesen und freute mich jedes Mal sehr, wenn die Autoren von etwas schrieben, was ich zuvor bereits im Gespräch mit einem Tier erfahren hatte.

Manches, was ich schreibe oder empfehle, gilt für alle Tiere. In vielen Situationen sowie zusätzlich ist es jedoch unbedingt ratsam und sinnvoll, ganz individuell auf das Tier und seine Bedürfnisse oder Sichtweise einzugehen. Es sind Individuen, wie wir auch.

Diese Individualität zu erfassen, die speziellen Bedürfnisse der Tiere zu erfahren, zu Lebzeiten und ganz besonders in der Vollendungsphase, damit wir als menschliche Begleiter reagieren können, ist ein Hauptanliegen der telepathischen Tierkommunikation, und damit auch meines.

Meine Hündin Lucina verstarb absolut unerwartet. Ich hatte keinerlei Chance der Vorbereitung, konnte weder auf angeeignetes Wissen noch auf Erfahrungen zurückgreifen. Niemals hätte ich gedacht, dass ihr und mir so etwas geschehen könnte, uns, die wir so inniglich verbunden waren. Ich brauchte Monate, um mich aus dem Schock zu lösen, die Trauer zuzulassen – und um das anzunehmen, was mir Lucina nach ihrem Tod vermittelte und mir mit ihrem Tod schenkte. Es mag seltsam klingen, dass ein Wesen einem anderen etwas mit dem Tod schenken könnte. Und doch war und ist es so.

Das scheinbar Unsichtbare

In der Natur erleben wir Sterben und Geburt jedes Jahr aufs Neue. Doch es ist kein endgültiges Sterben. Darauf können wir uns verlassen. Manche Pflanzen ziehen ihre Lebensenergie zurück bzw. zusammen in Stamm und Wurzel, nehmen sich eine Ruhezeit, bis es erneut Zeit ist, zu wachsen und sich zu entfalten, also im Frühjahr (zumindest in unseren Breitengraden). Dann treiben sie mit neuer Kraft wieder aus. Andere Pflanzen haben nur ein Jahr für uns sichtbare Lebenszeit. Doch ihre Lebenskraft haben sie in Samen weitergegeben oder in bestimmten Wurzel- oder Keimformen unter der Erde und kommen auf diese Weise im nächsten Jahr wieder ans Licht in frischem Grün. Sie wechseln ihre Seinsformen, ihre Energieformen, sichtbar und unsichtbar.

Auch Menschen und Tiere wechseln ihre Energie- und Seinsformen, nur, dass die meisten Menschen verlernt bzw. vergessen haben, die Formen nach dem, was wir Tod nennen, zu sehen.

Manchmal stelle ich die Frage nach der Anzahl der menschlichen und tierischen Familienmitglieder eines Haustieres, wenn ich in Tierkommunikations-Übungskreisen mit den Teilnehmenden arbeite. Sehr häufig ist die wahrgenommene Anzahl erst einmal „falsch", weil zu hoch. Wenn ich dann nachfrage, ob in den vergangenen Jahren Tiere oder Menschen in dieser Familie – ich sage auch Arten-Mix-Rudel dazu – gestorben sind, stellt sich sehr oft heraus, dass die angeblich „falsche" Zahl doch stimmt, denn die Tiere zählen die Verstorbenen noch als Rudel- oder Familienmitglieder mit. Sie nehmen die ehemaligen Gefährten wahr, die ihren irdischen Körper zwar abgelegt haben, sich auf irgendeine feinstoffliche Weise jedoch noch in ihrer Nähe aufhalten.

Die Tiere leben nicht im Gefühl der Trennung von ihrem Schöpfer. Sie fühlen sich mit allem verbunden, sie kommunizieren mit allem (also auch mit der Pflanzen-, Mineralien-, Naturwesenwelt, mit allen Elementen), sie sind voller Liebe, frei von Egoismus. Wenn wir uns auf sie einlassen, auf ihre Essenz, ihre Seele, ihr Sein, kommen wir in Kontakt mit dem, was uns abhandengekommen ist auf unserem Erdenweg. Über den Kontakt mit Tieren erschließt sich uns auch wieder der Kontakt mit diesen Eigenschaften oder Potenzialen in uns.

Tiere wissen um die Ewigkeit ihrer Seele, ihres Bewusstseins. Für sie ist der Tod die Geburt in die andere Welt, aus der sie immer wieder auf diese Erde zurückkommen können, wenn sie das wollen. Eine Welt, die zu sehen die meisten Menschen verlernt haben, ja sich sogar davor fürchten. Der Geist oder die Seele der Tiere begleitet uns Menschen auch noch nach ihrem Tod, inkarniert wieder und findet zu uns entweder in der gleichen Tierart wie zuvor oder in einer anderen Körperform, je nachdem, was aus ihrer Weisheitssicht am dienlichsten für uns ist. Sie schicken uns auch Zeichen aus der anderen Welt. Meist dann, wenn wir gerade an sie denken, blicken wir auf eine Wolke, in der wir ein Katzengesicht erkennen können, oder befinden uns in einer Situation, in der etwas für unser Tier zu Lebzeiten so Typisches geschieht.

Eine junge Klientin, von der ich später noch erzählen werde, berichtete, dass, wenn sie mit ihrer Hündin Rosalie am Ufer eines Sees in ihrer Nähe spazieren geht, die Schwäne auf Rosi genauso zutraulich reagieren und zu ihnen ans Ufer schwimmen wie bei ihrer Hündin Yomi, die in der anderen Welt weilt. Und das sogar in der Brutzeit, in der man diesen Wassertieren besser nicht näherkommen sollte. Diese junge Klientin bekommt so viele Zeichen von ihrer ehemaligen Hundefreundin Yomi aus der geistigen Welt, überhaupt ist ihre Geschichte so besonders, dass ich ihr schon länger nahegelegt habe, ein Buch darüber zu schreiben. Ich hoffe, sie tut es. Sie, liebe Leserinnen und Leser, werden es lieben!

Vor einiger Zeit hörte ich einen Vortrag von dem englischen Medium Gordon Smith[3]. Er hat die Gabe, mit den Seelen „auf der anderen Seite“ Kontakt aufzunehmen, bzw. er stellt sich zur Verfügung, wenn diese Seelen Kontakt mit einem noch lebenden Menschen haben wollen. Er hatte sich, bevor er als Medium offiziell arbeitete, der Wissenschaft zu Untersuchungen dieses Phänomens zur Verfügung gestellt und irgendwann beschlossen, lieber den Menschen als der Wissenschaft zu dienen. In diesem Vortrag erzählte er von einem Erlebnis zu einer Zeit, da ihm seine Gabe zwar schon bewusst war, er jedoch noch als Friseur und Barbier arbeitete.

Eines Abends wollte er gerade den Salon schließen, da trat ein Mann ein und bat um einen Haarschnitt. Gordon Smith hatte für

---

[3] Smith, Gordon, *Das Medium in dir und wie du es erweckst*, Reichel Verlag, 2020

diesen Abend ein Ticket für ein Konzert von Tina Turner und wollte den Mann wegschicken, doch irgendetwas hinderte ihn daran, ahnend, dass er das Konzert verpassen würde. Er begann also mit seiner Arbeit. Plötzlich sah er im Spiegelbild eine Frau. Er drehte sich um, doch da stand niemand. Er schaute wieder in den Spiegel, die Frau war immer noch dort zu sehen. Sie hielt einen Lolli in der Hand und bat Gordon Smith, dies dem Mann auf dem Friseurstuhl mitzuteilen. Ich meine mich zu erinnern, dass Gordon Smith damals doch einige Bedenken hatte, über seine Wahrnehmung zu sprechen und die seltsame Botschaft zu überbringen, doch schließlich tat er es. Der Kunde brach in Tränen aus und erzählte, dass seine Frau vor einiger Zeit gestorben sei und dass es ihm neben der Trauer um sie in der Seele weh tue, dass sie nicht miterleben könne, wie ihr gemeinsamer Sohn aufwachse. Sie seien am Tag zuvor zum Grab seiner Ehefrau und Mutter ihres Kindes gegangen, und der Sohn habe ihr einen Lolli statt Blumen aufs Grab gelegt. – Diese Botschaft, so sagte er, sei für ihn enorm wichtig, denn nun wisse er, dass der Geist oder die Seele seiner Frau sehr wohl da sei und das Aufwachsen ihres gemeinsamen Kindes mitverfolgen könne.

Als ich diesen Vortrag hörte, befand ich mich gerade in schmerzhafter Trauer um meine Hündin Lucina. All mein Wissen darum, dass die Seelen unsterblich sind und uns begleiten, war nicht greifbar für mich, auch wenn ich immer wieder in Kontakt mit Lucinas Seele war. Es war ein Hin und Her zwischen Schmerz und Trauer. Dieser Vortrag, dieses Erlebnis schenkte mir einen solchen Trost, den ich kaum beschreiben kann, und ich hatte wieder Zugang zu meinem Wissen, meinen Erfahrungen.

Kapitel II
Geburt in die andere Welt

Vor dem letzten Schritt, der Vollendung, steht das Älterwerden und Altsein. Ich möchte in diesem Buch all meine Erfahrungen als Tierkommunikatorin und Gefährtin meiner Tierbegleiterinnen weitergeben sowie auch Erfahrungen und Rat anderer geschätzter Therapeuten, Autoren und Herstellern von sanfter Naturheilprodukte, damit Sie Ihr in die Jahre gekommenes Tier gut und sanft versorgen und behandeln können. – Und natürlich werde ich darauf eingehen, wie Sie zur gegebenen Zeit den eigentlichen Vollendungsprozess unterstützend begleiten können.

Die meisten Tiere sprechen nicht von Sterben oder Tod, sondern von Vollendung und **Geburt in die andere Welt**. Der Lebensprozess ist so angelegt, dass es in einer Dimension einen Anfang und ein Ende gibt, wobei das Ende nur der Wechsel in eine andere Dimension ist, also in eine andere Seinsform. Es war ein Tier, das mir die folgende Sichtweise vermittelte:

Wenn es auf irdisch körperlicher Ebene bzw. in irdisch körperlicher Form keine Weiterentwicklung mehr gibt, wenn der Körper, egal wie alt oder jung er ist, Begrenzung ist für das innere Wachstum, muss es einen Dimensionswechsel geben für neue Erfahrungen, für weiteres Wachstum. Also wird das zu enge oder alte müde abgewetzte Körperkleid abgelegt, und die Reise in die andere Dimension beginnt.

Diese Weisheit befreite mich von dem Gedanken und dem dazu gehörenden Stress, dass nur ein langes Leben ein gutes Leben sei. So kann man es ja in der Bibel lesen … doch die Zeiten und ihre Qualitäten ändern sich. Früher hat man vielleicht 200 Jahre gebraucht, um das zu erfahren, was man heute in 50 Jahren erfahren kann … Und warum sollte z. B. ein Kinder- oder Welpenleben, das nur wenige Tage oder sogar nur Stunden dauerte, ein schlechtes

Leben gewesen sein (schlecht als Gegenteil von gut)? Da kommen wir mit unserer menschlichen Beurteilung nicht wirklich weiter.

Nun soll und darf ich also die Betonung auf Geburt legen, Geburt in eine andere Welt zwar, doch eben Geburt, nicht Tod oder Ende und aus. Und diese Betonung mag für Sie eine wertvolle Hilfe sein für den Fall, dass Sie Ihr Tier einmal bei seiner Vollendung begleiten werden:

1. Jedes Tier, jedes Wesen, hat seine individuelle Lebenszeit und weiß, wann es Zeit ist für den Dimensionswechsel! Es sollte weder festgehalten noch Druck ausgeübt werden.
2. Wir Menschen wissen bereits vor der Geburt eines Lebewesens, und oft schon kurz nach der Zeugung, dass eine Seele in der für uns sichtbaren Dimension und in einem Körper angekommen ist. Die Dimension, aus der die Seele kommt, ist da, auch wenn wir sie nicht sehen können. Beim Sterben können wir den Dimensionswechsel auch nur von unserer Seite beobachten. Die Dimension, in die die Seele beim Sterben hineingeboren wird, existiert ebenfalls, es ist vermutlich dieselbe, aus der die Seelen kommen, auch wenn die meisten Menschen sie nicht sehen können. Wir mögen Trost darin finden, dass es im unendlichen Universum einen friedvollen heilen „Ort" gibt, von dem aus Seelen inkarnieren und auch wieder dorthin zurückkehren.
3. Wir konzentrieren uns darauf, es dem Tier so angenehm wie möglich zu machen, ihm zu geben, was es braucht, und zu lassen, was es nicht mehr braucht, wenn es sich im Sterbe- bzw. Vollendungsprozess befindet.
4. So wie es verschiedene Stufen oder Phasen in einer Schwangerschaft und der Geburt gibt, gibt es verschiedene Phasen auch im Sterbeprozess. Bekannt auch in der westlichen Welt wurde das Wissen um diese Sterbephasen durch

das sogenannte Tibetische Totenbuch. Durch die Beschreibung dieser 6 Phasen, basierend auf dem Weisheitswissen der uralten ganzheitlichen „Traditionellen Chinesischen Medizin“ sowie der Elementelehre, bekommen wir einen viel umfassenderen und tieferen Einblick in den Sterbeprozess. Es ist sehr hilfreich, diese zu kennen, um zu verstehen, was mit Körper und Seele eines Menschen oder Tieres beim Sterben geschieht und wie eine sinnvolle Begleitung aussehen kann. In *Kapitel IX* finden Sie eine Zusammenfassung der 6 Sterbephasen, auf Tiere bezogen.

5. Beziehen Sie Ihre/n Tierarzt/Tierärztin in Ihre Vorbereitungen mit ein. Sollte eine Euthanasie nötig sein, ist es wichtig, alles vorher zu besprechen und abzuklären, ebenfalls, wie ein Ritual um die Euthanasie herum in der gewohnten Umgebung des Tieres zu Hause gestaltet werden kann. In *Kapitel XI* gehe ich auf dieses Thema noch einmal ein.

6. Sie können Ihrem Tier gegenüber Ihre Ängste, Sorgen, Ihren Kummer eingestehen und die Befürchtung, womöglich etwas Wichtiges zu übersehen. Ihr Tier versteht Sie! Etwas „verschweigen“ zu wollen, z. B. dass der Tierarzt gleich kommen wird für die Euthanasie, ist sinnlos und … ja, so empfinde ich es: respektlos.

7. Mit Hilfe von Tierkommunikation werden Sie wiederum Ihr Tier verstehen. Auch wenn Sie sich auf die Anleitungen zu den Übungen und Meditationen in *Kapitel X – Innere Reisen* einlassen, können Sie:

   a. mit den geistigen Helfern des Tieres in inneren Kontakt gehen und diese um Rat fragen. Diese geistigen Helfer sind schon zu Lebzeiten an der Seite des Tieres, das vollenden wird. Kein Wesen ist allein, weder im Leben noch beim Sterben bzw. der Vollendung!

b. Sie können das Krafttier Ihres Tieres finden und bitten, Ihnen Rat zu geben oder Ihnen zu vermitteln, was Ihr Tier braucht.

c. Auch in der Verbindung mit seinem Seelenplan können Sie wichtige Informationen zur Befindlichkeit oder den Wünschen Ihres Tieres erhalten und dann in seinem Sinne handeln.

8. Erlauben Sie sich auch, noch zu Lebzeiten Ihres Tieres Gedanken über seine Bestattung zu machen. Vielleicht hat Ihr Tier bei einer telepathischen Kommunikation geäußert, welche Art der Bestattung es sich wünscht. Oder Sie gestalten diese, wie es für Sie eben möglich und stimmig ist. Gibt es einen Tierfriedhof in Ihrer Nähe? Oder soll der Körper kremiert werden? Welche Urne würden Sie dann wählen? Was soll mit der Asche geschehen? Haben Sie einen Platz in Ihrem Garten, wo Sie die Asche mit oder ohne Urne der Erde übergeben oder ein Grab für den Körper Ihres Lieblings anlegen können (s. auch *Kapitel XII*)?

9. Sie dürfen auch darüber nachdenken, was sein wird, wenn das geliebte Tier nicht mehr bei Ihnen ist, ob und wann es Zeit wird für ein anderes Tier und Ähnliches – ganz ohne Sorge darüber, dass Ihr altes, vielleicht bald sterbendes Tier traurig sein könnte, weil es ja noch lebt … In einigen Fällen wünschten sich die alten Tiere, dass sie ihre „Nachfolger" noch kennenlernen und erleben durften. Andere wollten auf keinen Fall mehr die Aufregung durch ein neues Tier in der Familie. Auch hier können Sie mit Hilfe der Tierkommunikation Klarheit bekommen.

10. Wie bei einer Geburt kann es auch im Vollendungsprozess mit seinen 6 Phasen laut zugehen: Es gibt die Sterbewehen, oft sind es Wellen mit Hochs und Tiefs, der Körper hat vielleicht Krämpfe, die Krankheit strebt auf ihren Endpunkt zu, es gibt die sog. Schnappatmung (meist ganz zum Schluss), vielleicht muss sich das Tier übergeben, mag nichts mehr

essen oder trinken, zieht sich zurück. Das sind typische Reaktionen der Physis auf die bevorstehende Trennung von Seele und Körper. Dann ist die Seele plötzlich frei, draußen – vielleicht noch spürbar im Raum … Stunden, Tage … doch herzlichst auf der anderen Seite begrüßt und aufgenommen – für uns nicht sichtbar. Der Körper ist leblos, die Seele hat das Erdenkleid abgestreift. Das können wir sehen! Von Mabels Seele durfte ich erfahren, wie ein Geburts-Freudenfest „auf der anderen Seite" aussehen und sich anfühlen kann (*Kapitel VII – Spirituelle Erkenntnisse und Einsichten – Die Krönung*)

An dieser Stelle möchte ich Sie zu einer ersten geführten inneren Reise oder Meditation einladen, bei der Sie sich all Ihrer Fragen, Ängste und Hoffnungen, die auftauchen, wenn Sie an den Abschied Ihres Tiergefährten denken oder sich daran erinnern, bewusstwerden und aufschreiben können. Im Laufe des Buches werden Sie Antworten darauf finden oder – bei einer weiteren Meditation – Antworten erhalten.

Die Anleitung hierzu finden Sie in *Kapitel X*.

Kapitel III
Die letzten Lebenstage

Wie erleben Tiere ihre letzten Wochen, Tage und Stunden? Haben sie besondere Wünsche?

Maja

Mit meiner Katze Maja, die mich auf den Weg zur professionellen Tierkommunikation gebracht hatte, sprach ich fast jeden Tag in ihren letzten Lebensmonaten. Sie hatte mit etwas über 18 Jahren eine Art Schlaganfall, und meine Tierärztin meinte, ich solle sie einschläfern lassen, da sei nichts mehr zu machen. Doch ich hatte einen ganz anderen Eindruck. Maja wurde nach diesem Ereignis zwar taub und blind, aß jedoch mit Appetit und schien sich wohlzufühlen. Es musste so sein, dass ich genau in diesen Tagen über eine Freundin von einer Tierkommunikatorin in Bayern erfuhr, die ich dann auch gleich kontaktierte.

Maja

Dieses Gespräch zwischen der Kollegin, wie ich sie heute nennen kann, und Maja leitete den Anfang der bewussten Tierkommunikation bei mir ein. Maja ließ mir ausrichten, dass ich sie auch verstehen würde, und andere Tiere ebenfalls, ich solle nur meinen kontrollierenden Verstand weglassen. Und die Kollegin bestätigte zudem mein Gefühl, dass Maja noch leben wollte.

Es war damals, als wäre ein innerer Vorhang zur Seite gezogen worden. Diese Gabe, die ich zwar immer irgendwie gespürt, doch nie wirklich entfaltet hatte, kam nun zum Einsatz, als wäre es etwas ganz Natürliches für mich, was es im Grunde ja auch war.[4]

Ich setzte mich fortan fast jeden Tag zu Maja, fragte sie nach ihren Bedürfnissen und bat darum, von ihr lernen zu dürfen. Sie liebte es auch, wenn ich ganz präsent bei ihr saß, oder wenn ich meditierte und Mantren oder das unendliche OM sang.

Bis ca. 2 Wochen vor ihrer Vollendung schätzte sie meine Nähe und meine Berührungen. Doch dann kam die Bitte: „Lass mir mehr Raum, damit sich meine Seelengeschwister um mich scharen können. Du kannst nicht mehr viel tun für mich, ich habe nichts mehr davon. Dein Bedürfnis nach Nähe ist dein Bedürfnis, nicht meines. Ich lass es dir zuliebe zu."

Diese Worte taten mir erst einmal sehr weh, ich fühlte mich zurückgestoßen. Doch bald spürte ich die Freiheit, die mir Maja damit schenkte, und konnte sie mehr und mehr verstehen. Wenige Tage später durfte ich eine geistig anwesende große weiße Angorakatze und andere geistig anwesende Tiere sehen, die um Maja herumstanden. Dieses Geschenk des Sehendürfens erhielt ich 6–7 Tage vor ihrer Vollendung.

Majas Lebensraum musste ich immer mehr eingrenzen, denn sie fand den Weg nicht mehr zur Toilette oder zu ihren Futterschälchen, irgendwann wollte sie gar nicht mehr aufstehen. Da habe ich den Boden ihres Körbchens mit einer Plastikfolie ausgelegt, mit Katzenstreu aufgefüllt und zwei, drei Frotteetücher darübergelegt, so dass sie weich liegen konnte. Nachdem sie Urin gelassen oder Kot abgesetzt hatte, wechselte ich die Tücherlagen aus. Das ging alles sehr gut.

Als sie noch auf den Beinen war und dennoch immer ruhebedürftiger wurde, wollte sie, dass ich ihren Korb vom Wohn- ins Schlafzimmer umräumte, um wirklich Ruhe zu haben. Dort, im Schlafzimmer, tat sie dann auch ihren letzten Atemzug. An einem

---

[4] In meinem Buch *UnGEHÖRTES. Tierbotschaften: Heilungsimpulse für Mensch und Tier*, tao, 2014, finden Sie die ausführliche Geschichte

Morgen Anfang Juni wachte ich gegen 5 Uhr auf, gerade noch rechtzeitig, um ihren letzten Atemzug, ein tiefes Seufzen, zu hören. Sie hatte noch nicht einmal die oft sehr typische Schnappatmung. Danach durfte ich sehen, wie ihre Seele ihren Körper verließ. Das war wie ein Sternenregen, nur, dass die Sterne nicht Richtung Boden fielen, sondern Richtung Himmel schwebten. Ich war so sehr dankbar, dass sie mich geweckt hatte, damit ich ihren Austritt aus ihrem Körper miterleben durfte – und gleichzeitig sehr traurig.

Bijou

Einer bezaubernden kleinen Chinese Crested Powder Puff Hündin namens Bijou habe ich zu verdanken, dass ich die Bedeutung von Loslassen begreifen und lernen durfte, wie richtiges Loslassen gehen kann. Ich möchte Bijou danken und sie würdigen, indem ich ihre Geschichte erzähle.

Bijou

Als sich Monika H. mit ihren Fragen an Bijou an mich wandte, war diese ca. 12 Jahre alt. Ihre Hündin machte auf sie einen traurigen Eindruck, verbellte eine Nachbarin, reagierte gar panisch, wenn sie diese Frau schon von weitem sah. Das war für Bijou völlig untypisch, daher hoffte Monika H., über die telepathische Tierkommunikation eine Erklärung zu bekommen. In dem folgenden Kontakt wies Bijou auf eine starke karmische Belastung des Wohnhauses und aller Bewohner hin. Das Wohnhaus stehe auf einem Platz, wo es vor langer Zeit einen Kindermord gegeben habe. Starke erstickend wirkende Schuldgefühle seien noch mit dem Platz verknüpft.

Zu ihrer später hinzukommenden Krankheit Morbus Cushing erklärte die Hündin, dass diese ebenfalls ein Ausdruck, ein Symptom für diese Belastung sei. Sie bat um medizinische Unterstützung ebenso wie um energetische Entlastung. Doch sie wies auch auf ihre eigene Seelenkraft und ihre Liebe zu ihrer Menschenfreundin hin.

Monika H. beauftragte jemanden, der sich mit dieser Materie auskannte, mit der energetischen Reinigung des Hauses. Und sie selbst begann, Segensrituale mit Bijou zu machen, dankte ihr für diese Hinweise und versicherte ihrer Hündin, dass es jetzt andere gebe, die sich um die Lösung dieser Belastung kümmern würden.

Bijou kommentierte: *„Vielleicht spürst du beim nächsten Ritual, nun, da du von meiner großen Kraft und Liebe weißt, auch etwas mehr Kraft und Liebe in dir, eine Liebe, die weit über die persönliche Liebe zu dir hinausgeht. Verbinde dich mit dieser Kraft in mir, hinter dem kleinen Körper. Lass deine Kraft, die dir noch nicht bewusst ist, antworten, und sie wird sich dir offenbaren. – Habe Freude an meiner Süße und wisse, ich bin mehr."*

Monika H. durfte noch beinahe zwei glückliche Jahre mit Bijou verbringen. Doch einmal, als sie den Eindruck hatte, dass es vielleicht bald Zeit zum Abschiednehmen wäre, sollte ich Bijou wieder kontaktieren, denn sie wollte ihre geliebte Hündin nicht gegen ihren Willen festhalten, und sie sollte auch keine Schmerzen haben.

Bijou antwortete: *„Du darfst darauf vertrauen, dass du mich nicht gegen meinen Seelenwillen festhalten kannst. Und du bist dabei zu lernen loszulassen. Du kannst dir helfen, indem du dir jeden Tag vorstellst, dass du mich und mein Leben in Gottes Hand legst. Lass ein Bild in dir entstehen, wie das aussehen könnte. Die Hand kann auch eine Engelhand sein. Lass dir von deiner Seele das passende Bild für dich zeigen.*

Wenn du mich auf diese Weise abgibst, in die Hand der Kraft legst, die uns erschaffen hat, kannst du dann noch an Verrat oder an Im-Stich-Lassen denken? Wohl kaum! Also arbeite täglich mit diesem Bild.

Es bedeutet nicht automatisch, dass ich dann gleich sterbe. Es bedeutet, dass du die Kontrolle und den Stress abgeben kannst und die Entwicklung wirklich Gott anvertraust.

Dank deines Mutes und deiner Geduld, mich auf meine Weise vollenden zu lassen, konnte und kann ich noch sehr viel erledigen, transformieren, ich werde leichter, rund-lichter, im wahrsten Sinne des Wortes. Es ist alles gut, es geht mir gut.

Vertraue dem Leben, noch mehr, noch tiefer, noch dringlicher, denn es ist ewig ... in immer neuen Kleidern. Ich bleibe dir erhalten, bleibe in deinem Herzen, auch wenn wieder eine verkörperte Seele das Leben mit euch teilen wird. Hier gibt es keinen Verrat. Denn Liebe schließt mit ein, grenzt nicht aus.

Meine Vollendungszeit ist Lernzeit für dich zu einer tieferen, umfassenden, loslassenden Liebe, denn ALLES wartet darauf, geliebt zu werden, auch das vermeintlich Hässliche, Böse. Segne alles mit dieser Liebe, damit es sich verwandeln kann. Es ist leicht, den oder das zu lieben, der oder das die Liebe schon erfahren hat. Es ist eine große Herausforderung, den oder das zu lieben, was die Liebe noch nicht erfahren hat. Es braucht so sehr Menschen, die bedingungslos lieben. Wir Tiere tun es, und es braucht die Menschen für diese umfassende Transformation.

Das ist mein Vermächtnis an dich, an euch. In ewiger Liebe. Bijou"

Bijous Vollendungsprozess dauerte noch einige Monate. Im folgenden Winter spürte Monika H. jedoch deutlich, dass Bijou nun bald gehen wollte, dass sie Erlösung wünschte. Bijou teilte telepathisch mit:

„Die Hand Gottes ist geöffnet und erwartet mich, du kannst mich jederzeit hineinlegen."

Am Tag der heiligen Vollendung kam der Tierarzt nach Hause zu Monika und Bijou. Ihre geliebte Hündin war geistig bereits drüben, bevor die Euthanasie angesetzt wurde.

Monika hatte sich davor ca. 3 Stunden mit Bijou und der großen Kraft Gottes verbunden und legte sie in die Hände Gottes – voller Dank für 14 wundervolle Jahre mit viel Liebe, Freude und unzähligen Momenten des gemeinsamen Glücks. Hierbei halfen ihr sehr die Klänge auf der CD „Vollendung, Loslassen, Neubeginn".

Sie schilderte mir ihre persönlichen Gefühle: *„... Mein Herz will zerspringen, ich weine und bin tief, tief berührt. Es ist ‚nur ein Hund', wie viele Menschen sagen. Aber jetzt weiß ich, was ich schon lange spürte, dass ich ein ganz besonderes Geschenk des Himmels erhalten habe mit der kleinen Bijou. Ich fühle mich jetzt ganz klein und demütig, denn ich dachte bislang, ich hätte schon einen Wimpernschlag der Göttlichkeit erahnen dürfen. Aber nun ist es eine Welle, die mich in die Knie niederzwingt vor dieser Kraft, der Quelle – Gott.*

Ich habe große Achtung und nun noch mehr Liebe in mir, da ich jetzt wissen darf, wer zu mir gekommen ist: eine universelle, allumfassende Kraft mit dem Namen Bijou."

Zwei Jahre später zog eine liebe kleine Mischlingshündin aus dem Tierschutz von Rumänien bei Monika H. ein. Die Gespräche mit Bijou hatten ihr eine ganz andere Sichtweise eröffnet, und so wusste und weiß sie auch von der Seelengröße und -kraft ihrer neuen Hundegefährtin.

Teddy

Kater Teddy hatte mir telepathisch mitgeteilt, was in seiner Vollendungszeit (und damit meinte er nicht nur seine) geschieht: Er zeigte mir seinen irdischen Körper, und ganz dicht bei ihm befand sich sein Lichtkörper. Es wurde mir auf diese Weise gezeigt, um zu erkennen, dass es zwei Energien sind, doch ich hatte den Eindruck, dass Licht- und physischer Körper gar nicht getrennt waren. Kontinuierlich wanderten Lichtzellen vom Lichtkörper in den physischen Körper, und mit jeder Lichtzelle, die eintrat, wanderte eine Körperzelle in den Lichtkörper und wurde dort zu Licht. Auf diese Weise wurde der physische Körper Zelle für Zelle durchlichtet, für den normalen Blick eines Menschen nicht erkennbar. Wenn dann alle Zellen ausgetauscht waren, wäre sein Leben vollendet.

Teddy bat seine Menschen, ihn bei diesem Durchlichtungsprozess zu unterstützen, indem sie sich innerlich vorstellten, wie die Lichtzellen ihre Arbeit taten und die Körperzellen zu Lichtzellen wurden.

Einen weiteren Lichtkörperprozess eines Tieres sowie das begleitende Geschehen beschreibe ich ausführlich in *Kapitel VII*, denn ich durfte dieses Tier und seine Menschen einige Wochen lang begleiten.

Asta

Die 13 Jahre alte Berner-Sennen-Mischlingshündin Asta hatte schon mehrere Krebsoperationen hinter sich sowie eine Chemotherapie, als ich gebeten wurde, telepathisch Kontakt mit ihr aufzunehmen. Die Tierärzte rieten zu einer weiteren OP, einer zweiten Chemo. Doch Asta war therapiemüde, wollte diesen Stress nicht mehr. Sie war einverstanden mit ihrem Schicksal und fühlte Frieden und Ruhe in sich, ganz im Gegensatz zu der sehr aufgeregten und besorgten Menschengefährtin, die nichts unversucht lassen wollte, um ihrer Hündin zu helfen, und zusätzlich noch nach einem ruhigeren Wohnort für sich, ihren Mann und Asta suchte. So äußerte Asta u. a. auch diese Bitte:

„Verbinde dich mit der Ruhe in mir. Das tut auch deiner Sehnsucht nach einem ruhigen Ort gut. Nähre die Ruhe in dir, damit du diesen Ort finden kannst. Verbinde dich auch mit deiner Lautstärke, die gut sein kann neben der Ruhe. Setze dich zu mir, in liebevoller Mütterlichkeit, ohne Aktionen, ganz im Gefühl. Lass uns beide mütterlich sein, und lass uns beide Kind sein, verspielt, fröhlich, unbeschwert. Lass uns beide beides sein, beides fühlen mit

Hilfe der schönsten inneren Bilder, die du zaubern kannst. Lass sanfte Klänge uns begleiten dabei.“

Damals hatte ich noch keine Idee davon, dass ich einmal CDs mit heilsamen Klängen für Tiere herausgeben würde.[5]

Begleitung mit heilsamen Klängen

In der Zeit zwischen den ersten Probeaufnahmen der Komposition für die 2. CD im Sommer 2012 und dem offiziellen Erscheinen im Februar 2013 durfte ich auch wieder einige Tiere in ihrem Vollendungsprozess begleiten. Jedes Mal sah es so aus, als ob diese Tiere bald, also in den nächsten Stunden sterben würden, so dass ich keine Zeit hatte, eine Kopie einer Probeaufnahme zu machen und per Post an die jeweiligen Klienten zu schicken.

Tilli und Birma: Heilsame Klänge per Telefon

Im ersten Fall hatte ich die Eingebung, selbst die Komposition an meinem Arbeitsplatz in meiner Wohnung in Meersburg zu hören, während ich im telepathischen Kontakt mit der sich vollendenden Hündin Tilli in Freiburg war und sie nach ihren Bedürfnissen fragte. Kaum hatte ich die Kommunikation begonnen und ihr erzählt, dass ich auch versuchte, ihr die Klänge mental zu übermitteln, sagte die Hündin: *„Nimm doch das Telefon!“*

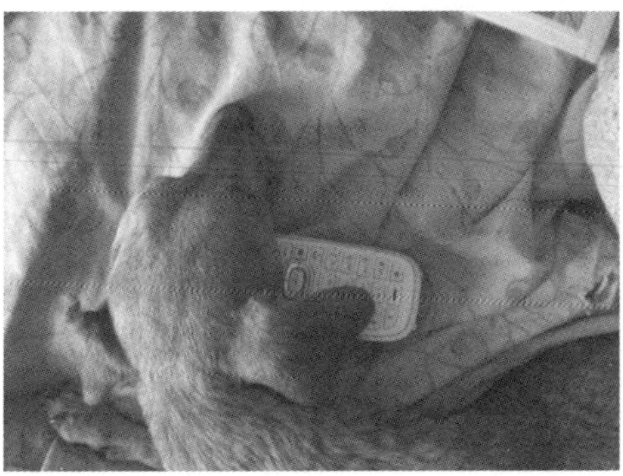

Tilli

Ja so was, warum bin ich nicht selbst darauf gekommen? Sogleich rief ich die Klientin an, erklärte ihr

[5] Fröhling/Majrich, *Heilsame Klänge für Tiere CD 1*, Reichel Verlag, 2011
Fröhling/Majrich, *Heilsame Klänge für Tiere CD II, Vollendung, Loslassen, Neubeginn*, Reichel Verlag, 2013

mein Vorhaben und platzierte dann den Hörer meines Telefons vor den Lautsprechern meines CD-Spielers.

Die Klientin, die ein schnurloses Telefon benutzte, schaltete den darin eingebauten Lautsprecher ein und legte das Gerät in die Nähe ihrer Hündin. Und ich nahm die stille Kommunikation wieder auf. Nach einer Stunde, die CD war abgespielt, nahm ich den Hörer wieder in die Hand und tauschte mich mit der Klientin aus. Es waren Abschiedsworte des Friedens, der Liebe, die ich ihr von ihrer Hündin übermitteln konnte.

Die Klientin wiederum berichtete, dass ihre Hündin bis zum Zeitpunkt meiner Kontaktaufnahme sehr unruhig war und erst, als sie die Klänge übers Telefon vernahm, ruhiger und schließlich ganz entspannt werden konnte und gleichmäßiger atmete. Sehr überrascht war die Klientin, als sich ihre Hündin nach etwa 15 Minuten CD-Spielzeit in Richtung Telefon bewegte, das ca. 1 Meter entfernt von ihr lag. Schließlich hatte die Hündin die Distanz überwunden und legte ihren Kopf und Hals auf das Telefon. So blieb sie liegen, bis die Klänge verstummten. Und sie blieb auch danach ruhig und entspannt und konnte nur wenige Stunden später ganz friedlich ihr Leben vollenden.

Noch eine weitere Katze durfte ich mit den Klängen begleiten, auch wieder übers Telefon. Birma hatte trotz ihrer Krebserkrankung noch Lebensfreude und Appetit und wollte ihr Leben bis zur letzten Minute auskosten. Diesen Eindruck hatte meine Klientin Doris H., und ihre Katze Birma bestätigte dies auch in einem darauffolgenden telepathischen Kontakt. Eines Tages jedoch näherte sie sich ihren letzten Stunden. Sie wollte nicht mehr essen und gab schließlich laute Töne von sich, die wie ein Rufen klangen.

Birma

Tagsüber, wenn Doris bei der Arbeit war, hielt sich Birma eine Etage tiefer in der Wohnung von Doris' Mutter auf. Die alte Dame war sehr aufgeregt über das ständige Rufen der Katze und telefonierte mit der Tochter, weil sie der Meinung war, man sollte das Tier nun doch einschläfern. Doris kehrte an diesem Tag so schnell wie möglich nach Hause zurück und rief mich an. Ich hatte ihr bislang nichts von der neuen Komposition erzählt; es hatte sich einfach nicht ergeben oder nicht gepasst. Doch nun berichtete ich der Klientin von meinen Erfahrungen mit den Klängen und bot ihr an, ihre Katze ebenfalls damit zu begleiten – per Telefon.

Als wir uns nach Ablauf der CD, es war schon spät abends, noch einmal austauschten, berichtete Doris, dass ihre Katze schon viel weniger schrie, seit sie wieder zu Hause war. Doch als sie die Klänge aus dem Telefon vernahm, konnte sie schließlich ganz ruhig werden und entspannen.

Doris hatte sich auf Wunsch ihrer Katze den nächsten Tag arbeitsfrei genommen. So konnte sie in den letzten Stunden, die sie als sehr fried- und lichtvoll empfand, bei ihrer geliebten Katze sein.

Nicht alle Tiere wünschen die Anwesenheit ihrer Menschen bei ihrer Vollendung. Doch diese Katze legte großen Wert darauf. Am nächsten Morgen gegen 9 Uhr – ich hörte in dieser Zeit innerlich ein „Leb wohl" von Birma, noch nicht wissend, dass dies ihre Stunde war – vollendete Birma mit einem deutlich hörbaren letzten Atemzug ihr erfülltes Leben.

Mabel: „MP3? Nein danke!"

Vor etwas über drei Jahren, es war ein Januarmorgen, rief mich Elisabeth, eine befreundete Klienten, ziemlich aufgeregt an und schilderte mir, dass sie ihrer Hündin Mabel, die an einer Tumorerkrankung litt, etwas Gutes tun wolle, und sie habe sich an die Klangschalen-CDs erinnert. Sie hatte allerdings nur die erste zu Hause, fand jedoch im Internet ein Download-Angebot für die zweite CD mit der Komposition „Vollendung, Loslassen, Neubeginn". Doch als sie diese Downloadversion dann abspielte, reagierte Mabel und sogar ihre junge Gefährtin Claire auffallend abweisend: Sie verließen den Raum. Mabel schien richtiggehend empört und war in den folgenden Stunden nicht mehr zu beruhigen. Elisabeth konnte sich diese Reaktion nicht erklären, denn die Klänge der 1. CD liebten ihre Hündinnen. Erst als Elisabeth sich kümmerte und mich anrief, beruhigte sich Mabel.

Ich hörte von einer solchen Reaktion auch das erste Mal. So versprach ich Elisabeth, im Laufe des Tages Mabel in einem telepathischen Kontakt nach dem Grund zu fragen. Kaum hatte ich den Telefonhörer aufgelegt, sauste diese kurze Info von Mabel wie ein Blitz in mein Bewusstsein: „Technik!"

Sofort rief ich Elisabeth an, teilte ihr mit, dass Mabel mich wissen ließ, dass es vermutlich an der Technik lag und dass ich ihr sofort per Post eine Original-CD schicken würde.

Am nächsten Vormittag rief mich Elisabeth wieder an. Ihre Stimme klang, als würde sie weinen, doch ich spürte sofort, dass es Tränen eines glücklichen Gerührtseins waren. Sie beschrieb mir das Bild, das sich vor ihren Augen darbot, wie anders jetzt die Reaktion der Hündinnen auf die Klänge sei, wie friedlich und entspannt ihre Hunde lauschen würden.

Dann berichtete sie, dass sie von einem befreundeten Musiker erfahren hatte, dass ein Download, also ein Runterladen in das meist ungefragt verwendete Format MP3, mit einem großen Datenverlust einherginge. Es gehen also auch die heilsamen Klänge, die ja gerade die besondere Qualität und Wirkung dieser Klangschalen-CDs ausmachen und die die Tiere mit ihrem viel feineren Gehör wahr- und aufnehmen, dabei verloren (mehr dazu beschreibe ich in *Kapitel IX*). Mabels Reaktion auf die Downloadversion war nun absolut verständlich.

Dass von ihr, einer Hündin, der Hinweis mit der Technik kam, nun, das ist für mich ein Wunder. Wieder einmal durfte ich mit Mabel erleben, wie es ist, wenn Seelen, ob in Tier- oder Menschenkörpern, sich ganz entfalten dürfen. Denn dann können wir immer wieder über Wunder staunen. Mabel durfte sich ganz entfalten. Und ich bin ihr zutiefst dankbar für dieses Geschenk, wobei ich glaube, dass ich für alle Tiere spreche, denen ihre Menschengefährten mit den „Heilsamen Klängen“ etwas Gutes tun wollen und können!

Mehr über diese Klangschalenkomposition erfahren Sie in *Kapitel IX*.

Wollen Tiere sehr alt werden?

Die meisten Tiere wollen ihr Leben auskosten, bis sie wirklich reif sind für den Dimensionswechsel.

Bei Haustieren, die durch unsere Fürsorge und medizinische Versorgung sehr alt werden können, kommt etwas hinzu, was sie in freier Wildbahn nicht hätten, nämlich Zivilisationskrankheiten durch nicht artgerechte Haltung und Ernährung, durch Umweltbelastungen und emotionale Belastung durch ihre Menschen.

Ich als Mensch Rose kann beim besten Willen nicht sagen, was für das eine oder andere Tier wirklich richtig oder falsch ist. Ich kann jedoch weitergeben, was die Tiere dazu sagen, so unter anderem die Antworten von Fox in *Kapitel VII – Spirituelle Erkenntnisse und Einsichten*.

Den Tieren ist auf einer bestimmten Ebene bewusst, auf was und wen sie sich eingelassen haben, sie wissen um die Schwächen und Probleme ihrer Menschen. Was natürlich keine Rechtfertigung ist für das lieblose und brutale Verhalten vieler Menschen, das muss ich immer wieder betonen. Und die Tiere freuen sich wiederum über gesundes Futter, über art- und typgerechtes Spiel, Bewegung und Ruhe sowie über Ansprache und Zärtlichkeit.

Was kann eine Tierseele im Irdischen festhalten?

Nero und Purzel

Manchmal sieht es in der Tat so aus, als ob Menschen ihre Tiergefährten nicht loslassen können. Häufig geschieht das unbewusst und wird den Menschen meistens nur durch eine telepathische Kommunikation mit ihren Tieren deutlich. So erlebte ich es mit Nero. Der 14-jährige Mischlingsrüde war sehr krank, er hatte Blasenkrebs, schleppte sich dahin, wollte aber unbedingt noch fressen, wollte dabei sein … Seinen Menschen kam es vor, als hielte ihn etwas fest. Die Frage nach Sterbehilfe stand natürlich auch im Raum. In meiner Kommunikation mit ihm gestand er:

„Mein Herz ist schwer, und ich fühle mich noch so sehr verantwortlich für euch. Versprecht mir, jede und jeder von euch, dass ihr eure Dinge in Ordnung bringt. Weghören, wegschauen … ist nicht mehr. Tut nicht wirklich gut.

Wenn ich als Verbindung wegfalle, wie verbindet ihr euch?

Ich wollte euch noch einiges lehren … fühle großen Abschiedsschmerz, trage viele Emotionen von euch. Möchte weinen können, doch weinen (Urin lassen) tut so weh. Bitte weint für mich, werdet weich für mich, tut mir diesen Dienst, bitte. Weint um meinetwillen und v. a. euretwillen. Nix mehr mit Fassade, ich will eure Gefühle spüren. Habt keine Angst, darin unterzugehen, davor, was andere denken. Schenkt mir eure Gefühle, eure Tränen, auch eure Wut und Ohnmacht. – Und dann richtet die Brücke ein, über die ich gehen kann. In der Nähe der Mutter möchte ich mir es wünschen. Kommt alle dazu und schenkt mir eure Tränen. Ich liebe euch.

Es darf heute sein, bald, in Ruhe und Frieden und mit vielen Tränen."

In dem anschließenden Austausch mit dem Mann aus Neros Familie, der mich auch um die Kommunikation gebeten hatte, erfuhr ich, dass die Familienmitglieder und ihre jeweiligen Partner nicht im guten Einvernehmen miteinander lebten. Die Fassade musste jedoch stimmen. Das Gesicht zu wahren war Familiengesetz. Und Gefühle, nun, das war etwas für Memmen. Nur was ihren Hund Nero betraf, war man sich einig. Über ihn kam man ins Gespräch, durch ihn traf man sich, er war also ein sehr wichtiges Verbindungsglied. Wer sollte diese Aufgabe übernehmen, wenn er nicht mehr da war? Das machte dem alten Hundefreund Kummer.

Meine Katze Purzel, der Sie in diesem Buch noch einige Male begegnen werden, begleitete mich geduldig, nachsichtig und ohne etwas für sich zu fordern in den Monaten, als ich ganz für Maja und ihren Vollendungsprozess da sein wollte. Sechs Jahre später bereitete sie meiner Hündin Lucina ein so herzliches Willkommen, als ich diese aus Lanzarote mitbrachte, und ihre Freundschaft wurde in der ersten Minute ihrer Begegnung besiegelt. Natürlich war das keine Überraschungsaktion, sondern beiden, Purzel wie Lucina, hatte ich in telepathischen Gesprächen voneinander erzählt. Maja zeigte mir meine Berufung, Purzel entpuppte sich als weise Assistentin und Lehrerin, und Lucina durfte ich als meinen Seelen- und Rettungshund erkennen.

Purzel

Nachdem Purzel ihr Leben vollendet hatte, lehrte sie mich, was es mit dem Festhalten auf sich hatte. Ich hatte ja befürchtet, dass ich ihre Seele im Irdischen durch meinen Schmerz festhalten könnte, weil ich durch ihren Tod nicht nur sie, sondern auch mein Zuhause verloren hatte – so fühlte es sich jedenfalls an. In *Kapitel VI* schreibe ich ausführlicher darüber. Es brauchte damals die klare Ansage einer Freundin, dass ich nicht nur an mich denken, sondern dankbar sein sollte für all das, was Purzel zu ihren Lebzeiten alles für mich getan hatte. Also bat ich meinen Katzenengel um Verzeihung – und hatte sofort danach das Gefühl, dass ihre Seele nun endlich frei war. Viele Monate später, als ich sie zu einer Besonderheit bei ihrem Übergang fragte, belehrte sie mich:

„... Es ist vielmehr so, dass ich warten wollte, bis du verstanden hattest, und dann erst weitergehen wollte.

Aus deiner Sicht sieht das natürlich wie Nicht-loslassen-Können oder Festhalten aus. Aus meiner Sicht und der Sicht anderer Tierseelen gehört unser Übergang und die Beobachtung, wie die Menschen damit umgehen, noch zu unserer irdischen Aufgabe. Wir können auch ohne Körper noch etwas bewirken, auf höchst liebevolle Weise ...“

Neben zahlreichen anderen Tieren bestätigte auch die kleine Hündin Bijou (s. *Kapitel III*) Purzels Aussage, als sie – an ihre Menschenfreundin gerichtet – sagte:

„Du darfst darauf vertrauen, dass du mich nicht gegen meinen Seelenwillen festhalten kannst. Und du bist dabei zu lernen loszulassen. ...“

Von Neros Menschen erfuhr ich, dass fast alle aus der großen Familie, die in Reichweite waren, bei seiner Vollendung durch Euthanasie bei ihm waren, auch diejenigen, die bisher so gut wie nie zu einem Familientreffen erschienen waren. Nero als Verbindungsglied hatte es noch einmal geschafft!

Ich weiß zwar nicht, wie es danach in der Familie weiterging. Doch dass die Wirkkraft der Tierseelen auch noch nach deren Tod spürbar ist – und zwar auf sehr positive Weise – das weiß ich. Also stelle ich mir vor, wie Nero in der geistigen Welt ganz zufrieden auf seine ehemalige Menschenfamilie schaut und sich über die zahlreichen harmonischen Begegnungen freut.

„Es ist wichtig, dass ihr all das wisst …“

Monty

Ich nehme Montys Geschichte in dieses Buch auf, um Sprachrohr für sein Anliegen zu sein, welches ein Anliegen vieler gezüchteter Tiere ist. Auch die Not der Enten Ella und Eny, die aus einer Massenbrüterei stammen, soll hier gehört werden.

Zucht kann so viel Tierleid verursachen, sie kann ein radikaler Eingriff in die natürliche Körperlichkeit eines Tieres ebenso wie in seine Psyche bedeuten. Dies mögen die Menschen bedenken: jene, die züchten, und jene, die kaufen.

Monty

Löwenkopfkaninchen Monty war bereits fast neun Jahre alt, als sich Daniela B., seine Menschenfreundin, an mich wandte. Er und Beppy, sein Gefährte, konnten sich frei in der Wohnung bewegen und sich bei gutem Wetter unter Aufsicht auch im Garten aufhalten. Leider war Beppy wenige Tage zuvor gestorben. Und Monty wurde von gravierenden gesundheitlichen Symptomen geplagt: Das Wasserlassen bereitete ihm durch Harngries und Harnstein schon seit längerem Probleme, und er litt unter bei Kaninchen so häufig auftretenden Zahnproblemen durch eine zuchtbedingte Fehlstellung der Zähne[6], was das richtige Kauen der Nahrung erschwerte, was wiederum Darmprobleme zur Folge hatte. Nun

[6] „Angeborene Zahnanomalien entstehen durch das Züchten im ‚Kindchenschema‘. Diese Tiere haben einen runden Schädel mit verkürztem Kiefer, so dass die Backenzähne nicht über ausreichend Platz verfügen und nicht korrekt nachwachsen.“ Entnommen von: Kaninchenraum.de/kaninchen/kaninchenkrankheiten/zahnfehlstellungen-bei-kaninchen/

wurde auch noch ein Abszess im Kiefer entdeckt. Der Tierarzt riet aufgrund Montys Alter und seiner Gesamtverfassung von einer Operation ab.

Daniela hatte zuvor schon drei Kaninchen durch einen Abszess verloren, was für sie jedes Mal emotional sehr schmerzhaft war. Sich für eine Euthanasie entscheiden zu müssen, fiel ihr jedes Mal sehr schwer, doch sie wollte auch nicht, dass die Tiere noch länger leiden oder überhaupt leiden.

Daniela hoffte nun, über eine Tierkommunikation zu erfahren, wie es jetzt weitergehen und wie sie Monty das Leben erleichtern konnte, was er noch fressen, ob er ärztliche Hilfe annehmen oder abwarten und den Dingen ihren Lauf lassen wollte. Monty war sofort bereit zu antworten:

„Es ist gut und für mich so wichtig, dass ich sprechen darf. Ich bin empört darüber, was bestimmte Menschen uns antun, indem sie unsere Natürlichkeit beeinflussen, uns anders machen, als wir sind (er meinte die Eingriffe durch manipulierte Züchtung). Da ich – wie so viele meiner Art- und Leidensgenossen – es nicht aussprechen kann, wie sehr mich dies belastet, bildet sich dieses Unding in meinem Mund. Liebe Daniela, du tust so viel für mich, hast für Beppy und die anderen davor so viel getan, doch diese furchtbare Einmischung in unsere Natur auszugleichen gelingt kaum jemandem, und kaum einem Artgenossen.“

Eine Operation lehnte er ab und bat darum, es mit anderen Mitteln zu versuchen, dem Abszess beizukommen. Er wollte auch nicht mehr in eine Tierarztpraxis:

„Es sind so viele Seelen dort von Tieren, die dort getötet wurden. Wie halten die Menschen es dort bloß aus!? Auch wenn ich sterben soll: bitte am vertrauten Ort.“

Nach einer Pause fuhr er fort:

„Es fühlt sich gleich besser an dadurch, dass ich das alles jetzt mal sagen durfte, obwohl ich noch eine tief sitzende Wut in mir spüre. Liebe Daniela, mach die Augen auf, nimm wahr, was die Menschen mit ihrem Rumprobieren uns Tieren antun. Mach du

auch den Mund auf, trau dich, was zu sagen, egal ob es um uns Tiere geht oder um deine Bedürfnisse. Schlucken, Abwürgen ist niemals gut!!!"

An dieser Stelle teilte ich Daniela die Botschaften von Monty telefonisch mit und durfte ihm anschließend ausrichten, dass sie froh über Montys Antworten war und sie seine Wünsche – so gut sie es vermochte – umsetzen wollte. Monty sagte daraufhin:

„Ach, mir ist wirklich schon leichter, ich fühle weniger Druck in mir. Danke!"

Daniela konsultierte anschließend eine Tierheilpraktikerin. Diese verordnete eine Behandlung mit naturheilkundlichen Mitteln, welche Monty große Linderung brachten, auch in Bezug auf den Abszess. Ihm und Daniela wurde dadurch ein weiterer Monat in liebevoller Gemeinsamkeit geschenkt. Doch dann wurde das Fressen zu anstrengend für ihn, er wollte nicht mehr. Monty durfte zu Hause, wie er es sich gewünscht hatte, die letzten Tage ohne Maßnahmen oder Medikamente in seinem warm gepolsterten Karton an der Heizung verbringen. Er vollendete sein Leben, friedlich in Danielas Armen einschlafend, genau so, wie sie es sich für ihn gewünscht hatte. Und ich konnte bestätigen, dass sie ganz in Montys Sinne gehandelt hatte.

Montys Worte hatten Daniela dennoch ziemlich getroffen. Das Problem mit der Manipulation durch Zucht war ihr zwar schon seit Jahren bewusst, und sie hatte auch versucht, ihr Umfeld zu sensibilisieren, doch dass die Kaninchen so stark dadurch beeinträchtigt wurden, an Leib und Seele, hatte sie nicht geahnt. Monty bestärkte sie, dieses Problem wirklich nach außen hin bekannter zu machen. Sie hatte schon länger über einen ‚Blog'[7] hierüber und über Tierschutz allgemein nachgedacht, doch sie ließ sich bisher von ihren Bedenken, wie ihre Angehörigen darauf reagieren könnten, von

[7] Als BLOG bezeichnet man ein öffentlich einsehbares Tagebuch oder Journal, das im Internet auf einer Website geführt wird. Eine oder mehrere Personen führen dort ihre Ansichten zu einem Thema auf, „posten" (protokollieren) Sachverhalte und aktuelles Geschehen – in Kombination mit eigenen Gedanken oder Rat.

der Angst zu versagen sowie von möglichen rechtlichen Belangen daran hindern, gestand sie mir. Aber so, wie Monty gesprochen hatte, scheinen ihre Sorgen und Ängste diesbezüglich unbegründet, und sie nahm sich fest vor, nun einfach anzufangen.

Eny und Ella

Eny und Ella, zwei Enten, wurden aus einer Massenbrüterei gerettet, drei Tage nachdem sie geschlüpft waren. Etwa sieben Wochen lang erlebten sie das Paradies auf Erden, so schien es jedenfalls. Ein großes Wiesengrundstück, ein Teich, liebevolle Aufzucht und Zuwendung von Lea und Antonella, zwei jungen Frauen. … Alles schien perfekt. Dann war Eny plötzlich tot, ein Marder hatte zugebissen.

Eny und Ella

Lea bat mich, mit Ella und der Seele von Eny in Kontakt zu gehen. Sie und Antonella wollten verstehen, was da passiert war, wollten wissen, ob Ella andere Bedürfnisse hatte, die noch nicht erkannt waren, und warum Eny so früh sterben musste.

Die Antworten dieser Tiere berührten uns alle zutiefst.

Ella meldete sich zuerst:

„Diese Züchtermenschen glauben, dass in einem Ei alles drin sei, um ein Lebewesen heranwachsen zu lassen. Es sieht aus wie eine Ente, was da aus dem Ei schlüpft; die Form ist da, doch es fehlt so viel an Inhalt, so vieles, was nur eine Mutter füllen, einem Kind mitgeben kann. Die Ergebnisse einer mutterlosen Brut sind unberechenbar. Wir, Ella und Eny, sind schon auch Individuen,

doch nicht fertig in unserem Wesen. Wir hingen so sehr aneinander und waren doch so verschieden. Ich spüre Rebellenanteile, kämpferische Eigenschaften in mir ... keine Ahnung, was aus denen wird, wie ich einmal werde ohne die Lenkung einer Mutter. ... Ihr Menschen könnt uns das Fehlende leider nicht ersetzen. Ich kann einiges reflektieren, doch dann falle ich innerlich aus dem Zusammenhang heraus, fühle mich orientierungslos, weiß nicht mehr, wer oder wie ich bin.

Eny hatte diesen Kampfgeist nicht. Sie suchte den ständigen Kontakt mit euch Menschen, lag in eurem Schoß, hätte sich dort vielleicht finden können ... Doch ihr fehlte noch mehr als mir, sie hatte sich völlig verloren auf der Suche nach sich selbst, nach Orientierung, und wünschte sich eine Entenmutter, so sehr, dass sie ihr Leben hergab ... Sie ist jetzt bei der großen Entenmutter.“

Auf die Frage, was Ella guttun würde, antwortete sie:

„Ein kleinerer Platz mit Begrenzungen und mehreren Artgenossen könnte mir helfen, mich zu finden, mich besser zu spüren, mich als Teil von etwas Größerem zu fühlen. Denn ich habe nicht gelernt, wie Überleben geht, wie Gesundbleiben geht.“

Nachdem Ella noch auf weitere Fragen nach ihren Bedürfnissen geantwortet hatte, wandte ich mich innerlich an Eny und übermittelte ihr die Botschaft von Antonella, die darin ihren Schmerz ausdrückte, ihr Bedauern, auch ihr Schuldgefühl – und ihren Dank für diese innigen Glücksmomente mit Eny.

Eny antwortete:

„In deinem Schoß, Antonella, konnte ich die Süße von Mutterpräsenz erahnen, ja, ich suchte sie mehr und mehr bei dir, suchte Lenkung, Schutz. Es war eine so kostbare Erfahrung, diese Mutterpräsenz, diese süße Kraft bei dir, Antonella, zu finden, zumindest für eine Zeit lang ... Ich konnte diese bis zu einem gewissen Punkt an- und aufnehmen, auf einer Ebene, auf der uns etwas verbindet, was bei allen Lebewesen da und gleich ist. Doch dann kam das Entenbedürfnis, die Erkenntnis und der Schmerz darüber, dass du keine Entenmutter sein konntest. Und so musste diese Bindung

von dir an mich und von mir an dich enden ... das tat und tut uns beiden weh.

Mir fehlte so vieles, um leben, überleben zu können, nur eine Entenmutter hätte mir das geben können. Doch die Süße der Erfahrung mit dir, Antonella, diese Erinnerung habe ich mitgenommen, teile sie mit der großen Entenmutter und all jenen, die nie eine Mutter fühlen durften."

Und Ella fügte hinzu:

„Ich vermisse Eny als Gefährtin. Doch ich bin in Verbindung mit ihr, darum konnte ich überhaupt eure Fragen beantworten. Eny hat jetzt alles in Fülle, was ein Entenküken, ein Entenkind von der Mutter braucht, sie ist gleichzeitig ganz jung und erfahren, hat den Weitblick und sieht das Detail. Und ich lerne von ihr. Es ist gut und wichtig, dass ihr all das wisst, und dass ich weiß, dass ihr wisst."

„... eine Ebene, auf der uns etwas verbindet, was bei allen Lebewesen da und gleich ist." Diese Ebene ist die Herzensebene, die Liebesschwingung, denn alle Lebewesen haben ein Herz, selbst wenn sie das Liebespotenzial darin nicht nutzen – wozu nur Menschen in der Lage sind. Auf dieser Herzensebene gehe ich in telepathischen Kontakt mit den Tieren, und Eny ließ mich ihre Liebesschwingung so deutlich fühlen, dass ich den Schlag meines Herzens ungewöhnlich stark wahrnehmen konnte. Ich spürte, dass ich mein übliches und natürlich sehr liebe- und respektvolles Ritual, mit dem ich einen telepathischen Kontakt beende, hier nicht anwenden konnte, denn es hätte sich eher wie Abbruch angefühlt. Also fragte ich Eny und Ella um Rat:

„Summe ...", sagte Eny, *„durch Summen wird die Verbindung angehoben, wird vom physischen Herzen ins kosmische Herz gehoben."*

Ich folgte diesem Rat, und es fühlte sich sehr gut an, so als ginge die Verbindung, die Schwingung mit dem Klang (dem Summen) nicht verloren, doch ich war dennoch wieder ganz bei mir. Und die beiden Enten bestätigten: „So ist es. Ewiger Klang.“

Im Nachhinein erfuhr ich noch von Eny, dass das Lebewesen, das in einem Ei heranreift, von der brütenden Mutter oder Henne bereits lebenswichtige Informationen erhält, bevor es schlüpft und dann als Küken von der Henne lernt. All dies fehlt den jungen Tieren, die künstlich ausgebrütet werden.

Ich weiß nicht, ob es noch zusätzliche Worte braucht, um die Not von Hühnern, Enten, Gänsen und anderen auszudrücken, die aus Massenbrütereien oder auch kleineren Brutanlagen (wie neulich an Ostern in einem Zoofachgeschäft als Attraktion im Eingangsbereich entdeckt) ins Leben hineingeworfen werden, oder von anderen Zuchttieren wie Monty … An dieser Stelle überlasse ich es Ihnen, sich eigene Gedanken darüber zu machen.

Was tragen Tiere für uns Menschen?

Milla und Lena

Wenn sich ein Tier auf einen Menschen einlässt, lässt es sich auch auf die vielen Themen und Probleme eines Menschen ein. Manche Haustiere wirken ganz im Stillen sprich im Unsichtbaren, andere wiederum zeigen das sehr deutlich, indem sie zum Beispiel Krankheitssymptome an ihrem eigenen Körper oder Verhaltensauffälligkeiten entwickeln.

In meinem Buch *UnGEHÖRTES. Tierbotschaften – Heilungsimpulse für Mensch und Tier* beschreibe ich die Heilung von Milla, die mit einem faustgroßen bösartigen Geschwür in ihrem Mund auf eine Blockade in der Kommunikation in der Familie hinweisen wollte. Dieses Geschwür sei die Ansammlung all der unausgesprochenen Worte, erklärte Milla, als ich sie befragen durfte.

Wie die Klientin im anschließenden Austausch ohne Umschweife zugab, war es tatsächlich so, dass sie und ihr Partner große Schwierigkeiten, ja Angst hatten, über unangenehme Dinge in der Beziehung oder im Alltag zu sprechen oder mal ein nicht so feines Wort über die Lippen kommen zu lassen, um einen Ärger auszudrücken. Lieber schluckten sie diese und auch Kritik hinunter, scheuten den Konflikt. Das kann auf Dauer natürlich nicht funktionieren. Also trug Milla dieses Problem als sichtbares und dringliches Symptom nach außen.

Ihre Menschen, zutiefst beeindruckt von der Loyalität ihrer Hündin, wollten nicht länger warten, überwanden ihre Angst und suchten das Gespräch miteinander, was für alle sehr befreiend war! Und Milla konnte ihr Symptom loslassen. Innerhalb von wenigen Tagen verschwand das Geschwür. Ohne die Bereitschaft ihrer Menschen, Milla „reden" zu lassen, wäre Milla vermutlich an dem Geschwür gestorben.

So wie meine Katze Purzel mich lehrte, kann beim Tod eines Haustieres ein Problem bzw. die Ursache für eine Krankheit transformiert werden – mit Wirkung auf die Menschen. Dies nachzuvollziehen oder zu verifizieren ist selten möglich. Ich kann Sie, liebe Leserinnen und Leser, mit den Schilderungen in diesem Buch nur dafür sensibilisieren, Sie aufmerksam machen auf Zusammenhänge, die vorher mangels Wissen um diese Möglichkeiten nicht erkannt werden konnten. Hierbei kann das folgende, mich sehr prägende Erlebnis ebenfalls dienen. Es geschah lange vor meiner bewussten Ausübung der Tierkommunikation.

Als die Katze meiner damaligen Nachbarn Nachwuchs bekam, fand eines der Kleinen einen Platz bei mir. Ich nannte sie Lena. Noch bevor ich sie sterilisieren lassen konnte, wurde sie trächtig. Es ging Lena allerdings nicht gut damit. Ein Tierarztbesuch mit Bluttest ergab, dass sie FIP hatte (FIP = Feline Infektiöse Peritonitis: meist tödlich endende Infektionskrankheit bei Katzen, ausgelöst durch das Feline Coronavirus), wie auch ihre Mutter (das erfuhrt ich erst danach), sowie eine Gebärmuttermund-Entzündung. Ich hatte die Wahl zwischen einer Operation mit Entfernung der Gebärmutter, was die Tötung der Embryos bedeutete, oder den Dingen ihren Lauf zu lassen (natürlich mit medizinischer Versorgung) …

Lena gebar zwei Katzenkinder, doch sie hatte keine Kraft, sich um sie zu kümmern, noch nicht einmal, um sie nach der Geburt von der Hauthülle zu befreien, geschweige denn sie zu stillen. Ich suchte viele Tage nach Ammen für die Kleinen, doch sie waren zu schwach, auch zum Nuckeln an einer Flasche mit Ersatzmilch. Dass Lena sich überhaupt nicht kümmerte, war laut Tierarzt auch ein Hinweis darauf, dass ihre Kleinen krank und nicht lebensfähig waren. Lena ging es immer schlechter.

Lena

Eines Tages, als ich eigentlich mit meinem damaligen Partner einen größeren Ausflug machen wollte, spürte ich intuitiv, dass ich Lena nicht alleine lassen konnte. Ich setzte mich auf unser Sofa, nahm Lena auf meinen Schoß und wir sprachen miteinander. Anders als ich es später als Tierkommunikatorin tat, doch wir verstanden uns, dessen war ich sicher. Vielleicht nach zwei Stunden, in denen auch viele Tränen flossen, wurde Lena unruhig und wollte raus in den Garten. Wenige Minuten später bekam sie heftige Atemnot, die zum Glück nur kurz andauerte, dann vollendete Lena ihr junges Leben.

Ich hatte wenige Tage später einen Kennenlerntermin bei einer Psychotherapeutin. Damals, ich war um die 40, gab es einige Gründe in meinem Leben für eine Psychotherapie, und ich fand eine alternativ arbeitende Therapeutin mit spirituellem Hintergrund, also keine rein schulwissenschaftliche Therapeutin. Meine Trauer um Lena stand mir im Gesicht, also erzählte ich. Die Antwort, die ich von der Therapeutin erhielt, steigerte meine Verzweiflung eher, als dass sie mir ein Trost war: „Lena hat Ihnen ein Geschenk gemacht, indem sie Ihnen etwas abgenommen, für Sie getragen hat. Nehmen Sie dieses Geschenk an!“

Ein Geschenk, das mit dem Tod einer geliebten Tiergefährtin einherging – wie um Himmels willen sollte ich das annehmen?

Heute, mit all der Erfahrung und dank der vielen Tierbotschaften mit ihren Weisheiten weiß ich, dass die Therapeutin recht hatte. Als sehr junge Erwachsene bereits litt ich immer wieder unter Entzündungen im Unterleib, einmal gab es sogar einen Befund mit Krebsverdacht. Mit nur einem kleinen Eingriff, ansonsten mit alternativen Heilmethoden kam alles in Ordnung. Ich bin Lena, dem kleinen Tigerkätzchen, noch heute dankbar für ihr Geschenk, dafür, was sie für mich getragen und transformiert hat. Ich habe auch verstanden, dass ich Lena mit dem Annehmen ihres Geschenks die höchste Wertschätzung zeigen und sie würdigen kann.

Daran, dass ich knapp drei Jahrzehnte später wieder ein Geschenk von einem Tier bekommen sollte, welches anscheinend nur durch den Tod dieses Tieres möglich war, hätte ich keine Sekunde lang denken können. Doch es geschah, und es erschütterte mich ohnegleichen.

Während ich die Erinnerungen an Lena hier niederschrieb, fiel mir ein, dass ich einmal einen Therapeuten konsultiere, der Rückführungen machte. Ich hörte von ihm und seiner Arbeit über eine Verwandte, deren Tierärztin eine heftige Allergie auf Tierhaare entwickelt hatte und ihre Praxis schon aufgeben wollte, doch nach einer Rückführung in ein vergangenes Leben wieder symptomfrei war und ihre Arbeit als Tierärztin fortsetzen konnte.

Ich ließ mich also in viele vergangene Leben führen, um dort die Ursachen für meine gesundheitlichen Probleme zu finden, und hoffte, dass sich meine Symptome – wie bei der Tierärztin – danach auflösen würden. So einfach ging es bei mir leider nicht, doch der Grund, warum ich davon erzähle, ist, dass bei jeder Rückführung, also in jedem vergangenen Leben, in welches ich eintauchte, irgendein Tier anwesend war und eine wichtige Rolle spielte. Ich erlebte mich sogar als Katzenpriesterin im alten Ägypten. Der medial begabte Therapeut sagte damals zu mir, dass ich den Tieren in vielen meiner Leben gedient hätte und dass ich „etwas gut bei ihnen habe". Das waren wirklich seine Worte.

Diese Möglichkeit des Betrachtens wollte ich Ihnen auf jeden Fall an die Hand geben, damit Sie gegebenenfalls Ihr Tier und seine Symptome besser deuten und damit auch besser verstehen können, was es für Sie tut, auf sich nimmt, Ihnen spiegelt oder für Sie trägt.

Rose mit Lucy im Herzen

Darüber, dass ich vor dem unerwarteten Tod meiner Hündin Lucina keinerlei Zeit der Vorbereitung hatte, schrieb ich kurz im ersten Kapitel. Ich fühle seit ihrem Tod die Notwendigkeit, über dieses Ereignis, den Schock, mein Erleben und darüber, was seither geschah und geschieht, zu schreiben, es auf diese Weise zu verarbeiten. Ich schrieb und schreibe noch immer in Form eines Tagebuches, in das ich auch die vielen Kontakte mit Lucinas Seele eintrage. In der ersten Zeit half mir das Schreiben tatsächlich dabei, meine „Not zu wenden", auch weil ich anfangs kaum über das Erlebte sprechen konnte. Und sogar in den knapp zwei Jahren seit Lucinas Vollendung konnte ich nur mit ganz wenigen Menschen ganz offen darüber reden.

Lucina

Bei der Arbeit an diesem Buch überlegte ich vage, ob ich eine kurze Version von Lucys und meiner Geschichte hier erzählen sollte. Lucy, so rief ich meine Hündin zu Lebzeiten, und auch heute noch, in der inneren Ansprache, nenne ich sie so.

Just in dieser Zeit meiner Überlegungen bat mich die Klientin R. um eine telepathische Kommunikation mit ihrer Hündin, die ebenfalls Lucy heißt. Es ist ungewöhnlich, dass Tiere von Klienten mich persönlich ansprechen, denn schließlich geht es nicht um mich bei einem solchen Tiergespräch. Doch diese Lucy tat es, bevor sie auf die Fragen ihrer Menschenfreundin einging:

Lucy R.

„Ich bin auch so ein Lichtfunke, so wie deine Lucy, mit besonderen Aufgaben. Ich kann in dir, Rose, von deiner Lucy lesen. Es ist wie eine Signatur von ihr in dir, die bleibt und wirkt über ihre Erdenpräsenz hinaus ...“

Diese Worte kamen sehr überraschend und berührten mich tief, denn diese Hündin sah und spürte mich mit Lucy im Herzen. Zeitgleich träumte ich von meiner Lucy. Auch das war eine Besonderheit.

Nach reiflichen Überlegungen, die diesen Impulsen folgten, wusste ich: Eine kurz gefasste Version über meinen Seelen- und Herzenshund hätte wirklich gut in *Kapitel VII – Spirituelle Erkenntnisse und Einsichten* gepasst. Doch „kurz gefasst“ wäre weder Lucina noch ihrem Liebesdienst, ihrem Geschenk an mich gerecht geworden. „Kurz gefasst“ hätte ich dieses Wunder, dass ein Tier für seinen Menschen im wahrsten Sinne des Wortes etwas tragen kann, um es eines Tages an ihn zu übergeben, nicht beschreiben können. In einer Kurzfassung hätte ich nicht darauf eingehen können, was die Bezeichnung „Seelenhund“ oder „Herzenshund“, die viele Menschen im Zusammenhang mit ihren Hundegefährten verwenden (jedoch auch mit Pferden, Katzen, Wellensittichen …), in seiner ganzen Tiefe bedeuten kann.

Vielleicht empfinden Sie es als ein bisschen unfair, nach so vielen Andeutungen nicht zum Punkt zu kommen. Doch es braucht wirklich die vielen Seiten eines eigenen Buches, um das beschreiben zu können, was ich mit Lucina erlebte und wie es mir geht, seit ich ihr Geschenk ganz und gar angenommen habe. Diese Geschichte mag die Menschen dann noch umfassender und tiefer verstehen lassen, wozu unsere Tierfreunde in der Lage sind, wie sie uns helfen, uns retten, etwas für uns tragen, uns unterstützen, auch über ihre irdische Präsenz hinaus.

Kapitel IV
Können Tiere den Zeitpunkt ihrer Vollendung voraussagen?

Purzels Lebenszeitprognose

Meine Katzengefährtin Purzel vollendete ihr Leben mit etwa 18 Jahren, ohne eine Krankheit zu haben. Sie musste sich zwar öfter als früher üblich (und was man bei Katzen als normal bezeichnen kann) übergeben und hatte dann ein bis zwei Tage keinen Appetit. Doch dann war wochenlang alles wieder gut. Meine Tierheilpraktikerin verordnete in solchen Zeiten des Erbrechens und der Schwäche das homöopathische Mittel Arsenicum album. Damit stabilisierte sich Purzel ganz schnell, und wenn es doch etwas länger dauerte, bekam sie noch Phosphoricum. Arsenicum ist zwar ein Mittel, das häufig für alte Tiere passt, doch bitte ich Sie darum, es nicht einfach zu verabreichen, weil es bei meiner Katze geholfen hat. In der Homöopathie gibt man ein Mittel nicht nur nach bestimmten Symptomen, sondern es wird aufgrund von Typ, Verhalten etc. eines Tieres gewählt. Im praktischen Teil gehe ich noch näher darauf ein.

Purzel kündigte den Zeitpunkt ihrer Vollendung etwa 9–10 Monate vorher an. Sie teilte mir im Sommer 2010 mit, dass sie mich ab Frühjahr 2011 aus der geistigen Welt begleiten würde. Im Herbst 2010 war ich an den Bodensee gezogen. Zuerst wählte ich für mich, Purzel und meine Hündin Lucina eine Ferienwohnung im Bodensee-Hinterland und suchte von dort aus nach einer passenden Wohnung für uns drei. Diese fand ich in Meersburg, und Ende März 2011 zogen wir um.

Einige Tage vor diesem Umzug teilte ich Purzel dies mit und erzählte ihr begeistert von der neuen Wohnung im Erdgeschoss mit Terrasse und Garten. Sie sagte jedoch, sie sei jetzt müde, und hatte dann wieder diese Symptome mit Erbrechen und Appetitlosigkeit.

Das war erstaunlich, da sie mich während der Zeit in der Ferienwohnung immer wieder durch ihren total vitalen Eindruck verblüffte und erfreute. Sie lebte so sehr auf in dieser Zeit, dass ich gerne vergessen wollte, was sie mir vorausgesagt hatte. Die Vermieterin der Ferienwohnung, die in einem Ort ca. 750 m über dem Meeresspiegel lag, erklärte mir, dass diese Höhe besonders gut für ältere Menschen und Tiere sei und dass auch Leistungssportler gerne in solchen Höhenlagen trainieren würden. Das Blut ist wohl etwas flüssiger und kann dadurch alle Organe besser versorgen.

Purzel ruhte und schlief natürlich trotzdem mehr als in jungen Jahren, doch wenn sie wach und unterwegs war, wirkte sie wie eine viel jüngere Katze. Das war sehr beglückend für mich.

Der Umzug nach Meersburg verlief gut, Purzel blieb auch während der Autofahrt ganz ruhig. In Meersburg angekommen schaute sie sich alles genau an, wie immer nach einem Umzug, ging auch in den Garten und buddelte sich eine Mulde hinter einer Hecke zum Nachbargarten. Dort wäre sie wohl gerne geblieben, hätte ich sie dort lassen können. Ich konnte nicht, auch wenn ich tief in mir ahnte, warum sie sich diesen Platz hinter der Hecke ausgesucht hatte. Ich bat sie um Verzeihung und um Verständnis, als ich sie in die Wohnung hineintrug.

In der zweiten Nacht war sie auffällig unruhig, spuckte wieder. Ich legte ihr Schaffell in mein Bett und bettete sie darauf. Gegen Mitternacht hatte sie Schnappatmung, beruhigte sich dann wieder. Ich versuchte wach zu bleiben, doch ich nickte immer wieder ein. Wieder war es gegen 5 Uhr in der Früh, als ich plötzlich hellwach wurde. Purzel hatte noch einige wenige Male die Schnappatmung, bevor ihre Seele ihren Körper verließ. Das war am 1. April 2011.

„Ab nächstes Jahr im Frühjahr begleite ich dich aus der geistigen Welt.“

Ich weiß bis heute nicht, wie ich mein Gefühl damals benennen soll, als ich erkannte, wie präzise Purzels Voraussage war: Staunen, Verblüffung, Hochachtung …?

Zu Purzels Voraussage über den Zeitpunkt ihrer Vollendung möchte ich noch hinzufügen, dass Tiere dies höchst selten tun, selbst wenn ihre Menschen sie danach fragen. Denn eine Vollendung ist von mehreren Faktoren beeinflusst. Und sie wissen auch um das Risiko von solchen Prognosen, denn der Mensch versteift sich meist darauf und verhindert eine andere Entwicklung. Manchmal tun Tiere auch so, als ob sie gleich sterben würden, weil sie bei ihren Menschen dadurch etwas bewirken oder in Gang bringen wollen. Ist das Ziel erreicht, stehen sie plötzlich wieder auf, eilen zum Futternapf und gehen im Garten spazieren.

Letzteres erlebte ich in der Zeit, als die Komposition für die 2. CD *Heilsame Klänge für Tiere* bereits fertig, die CD jedoch noch nicht erschienen war. Bei einer Katze, deren Menschengefährtin sicher war, dass sie sich am selben Tag noch aufmachte zum Sterben, schlug ich eine Klangübertragung per Telefon vor, was die Klientin dankbar annahm. Ich schrieb bereits darüber, dass mich die Hündin Tilli, die ich ebenfalls aus der Ferne bei ihrer Vollendung begleiten durfte, auf diese Möglichkeit hingewiesen hatte.

Die Klientin berichtete mir telefonisch nach Beenden der Klangkomposition, was sie beobachten konnte: Sie hatte das schnurlose Telefon mit eingeschaltetem Lautsprecher auf das Bett gelegt, auf dem ihre Katze lag. Diese kroch nach einigen Minuten Zuhören zum Telefon und umfasste es mit beiden Vorderbeinen. In dieser „Umarmung“ verweilte die Katze bis zum Ende der CD. Doch dann wurde diese Katze wieder aktiv, wollte sich bewegen, wollte essen. Ihr Leben war also noch nicht fertig, es gab noch irdische Lebenszeit für sie. Und es war eine gute Zeit. Diese dauerte etwa einen Monat. Dann vollzog sich ihre Vollendung sehr schnell – und ganz friedlich.

Unerwartete zusätzliche Lebenszeit

Ein ganzes Jahr mehr Leben

Fox, ein 14-jähriger Boxer-Foxhound-Mischling, der jedoch oft für einen Beagle auf hohen Beinen gehalten wurde, schaffte es kaum noch aufzustehen, weil seine Hüftgelenke schmerzten und ihm keinen Halt mehr beim Stehen geben konnten. Insgesamt machte er einen erschöpften Eindruck und fraß nicht mehr gut.

Fox

Letzteres schien ein eindeutiger Hinweis auf sein bevorstehendes Lebensende zu sein, denn Fressen war bis dahin das Höchste für Fox. Er verbrachte seine ersten 2,5 Lebensjahre in einem Tierfutterversuchslabor, hatte in dieser Zeit kaum soziale Kontakte, kannte nur das Labor, die Tierärztin sowie Doktorandinnen, die hin und wieder mit ihm und anderen Hunden auf dem Laborgelände spazieren gingen. Zusammen mit seiner Mutter und seinen Schwestern war er in einer umgebauten Schweinebox untergebracht. Zuweilen hatten sie etwas Auslauf in einem Zwinger. Er war der Kleinste im Wurf und wurde oft weggedrängt, so dass er dieses Miteinander nicht recht genießen konnte.

Im Alter von 2 Jahren wurde er zur Vermittlung freigegeben und fand bei meiner Freundin Birgit ein liebevolles Zuhause. Fox legte ein autistisch anmutendes Verhalten an den Tag, er war extrem stur – und so sehr auf Fressen fokussiert durch seine Prägung in seinen ersten beiden Lebensjahren im Labor, dass er wirklich alles, wessen er habhaft werden konnte, fressen wollte.

Einmal, während Birgit außer Haus war, schaffte er es auf rätselhafte Weise, eine Packung Mon Chéri vom Esstisch herunter auf den Boden zu ziehen. Als sie zurückkam, fand sie keine einzige Praline mehr vor, nur noch die einzelnen Folien, in die sie eingewickelt waren. Wundersam war, dass er danach weder erbrechen musste noch Durchfall oder sonstige Symptome hatte, denn Alkohol und vor allem Schokolade können dem Organismus eines Tieres wirklich sehr zusetzen. Fox zerriss gelbe Säcke, wenn es darin nach etwas Essbarem durch leere Futterdosen oder Ähnlichem roch, er räumte Mülleimer aus und verteilte den Inhalt in der Küche, auf der Suche nach etwas, was er futtern konnte. Er fiel über die gefüllten Futternäpfe seiner Hundegefährtin Shiva und meiner Hündin Lucina her, wenn ich zu Besuch bei Birgit war, und wenn ich nicht ganz genau aufpasste, lag Fox mehr im Napf meiner Hündin, als dass er davorsaß. Jeder Versuch, ihm den Napf wegzunehmen, endete damit, dass der Napfinhalt schön verteilt auf dem Fußboden und an allen in der Nähe befindlichen Möbeln klebte, auch an meiner Kleidung, im Gesicht und den Haaren.

Nun war diese Gier also in den Hintergrund gedrängt, Fox konnte sich kaum noch auf den Beinen halten, kippte immer wieder um und blieb sogar in seinem Kot liegen. Birgit machte sich lange Zeit Gedanken darüber, ob es besser sei, ihn nun einschläfern zu lassen. Und da sie wusste, dass ich durch unsere jahrelange Freundschaft zu eng verwoben war mit der Situation und ich ihr aus diesem Grund auch schon bei früheren Problemen empfohlen hatte, eine neutrale Tierkommunikatorin zu beauftragen, um diese Frage zu klären, tat sie dies. Fox war mit der Sterbehilfe einverstanden.

Als ich jedoch davon erfuhr, bat ich Birgit, vor diesem Schritt erst einmal noch jenes Mittel bei Fox anzuwenden, welches ihr bei ihren eigenen Rückenproblemen und den damit verbundenen Schmerzen sehr geholfen hatte (siehe *Kapitel IX – Praktische Empfehlungen – Heilimpulse zum Aufsprühen*).

Birgit sprühte Fox am selben Abend noch drei Mal an von mir empfohlenen Körperstellen ein. Wenige Stunden später konnte Fox wieder von allein aufstehen und sich sogar beim Kotabsetzen auf den Beinen halten.

An den folgenden 4–5 Tagen wurde Fox einige Male am Tag eingesprüht, und siehe da, sein Bewegungsapparat und sein übriger Organismus wurden nach und nach stabiler. Er konnte wieder gut laufen, fraß gerne und war bald wieder ganz ihr „alter“ Hund! Das war faszinierend, wir alle staunten und waren sehr dankbar! Immer, wenn Fox wieder schwächelte, sprühte Birgit erneut. Er lebte noch ein ganzes weiteres Jahr!

Da wir beide wissen wollten, wie Fox diese Wende, dieses Wiederaufleben, erlebte, machte ich eine Ausnahme und ging einige Zeit später in eine telepathische Kommunikation mit ihm.

Rose: *Es hat nun ja schon mehrfach den Anschein gehabt, dass du gehen willst ... Dann kam dieses Spray in dein Leben, du konntest wieder besser laufen ... Was ist nun dein Wunsch bzw. was hast du vor?*

Fox: *Also, solange ich essen möchte und kann, möchte ich auch noch im Körper bleiben. Essen ist einfach mein Leben, doch da sag ich ja nichts Neues. Mein Körper wurde süchtig gemacht nach der Droge Futter, und wir, Birgit und ich, haben es nicht geschafft, mich clean zu kriegen. – Wär' aber auch eine furchtbar anstrengende Prozedur geworden und nichts für die Nerven meiner geliebten Birgit. So sterbe ich evtl. süchtig bzw. nicht ich, sondern mein Körper. – Am liebsten tät ich mich totfressen, im wahrsten Sinne des Wortes.*

Rose: *Meinst du, dass Birgit dir so viel zum Futtern geben soll, bis du nicht mehr kannst?*

Fox: *Das ist, was meine Sucht, mein Körper, sich wünscht, ja! Heftig, oder? Ich wünsche mir, einmal das Gefühl haben zu können, nicht aufhören zu müssen, weil nichts mehr da ist, sondern aufhören zu wollen, weil ich nicht mehr kann und mag!*

Rose: *Fox, wie empfindest du dieses Spray, das Birgit immer wieder verwendet? Was hast du dabei erlebt und erlebst es immer wieder, wenn Birgit dich einsprüht?*

Fox: *Es ist, als würde mich etwas anheben oder aufheben. Es wird mir jedes Mal ganz leicht und wohlig. Es eröffnet ungeahnte Möglichkeiten, eine Seele hat plötzlich noch einmal eine andere Wahlmöglichkeit als bisher. Das ist schon spannend. Vollenden bekommt eine ganz neue Tiefe. Es ist so viel Gnade und Liebe in dem Mittel enthalten. Das ist so was von erfreulich!!!*

Rose: *Ist dir bewusst, dass deine Erfahrungen in die Welt hinausgetragen werden durch Birgit und mich, so dass viele Tiere dadurch die Chance haben werden, auch in diesen Genuss zu kommen?*

Fox: *Ja klar, ist mir das bewusst. Und das macht alles umso erfreulicher! Um ein Haar hätte ich diese Erfahrung verpasst ... will gar nicht darüber nachdenken. Vor allem auch deshalb nicht, weil ich dann die vollen Näpfe verpasst hätte, die mir jetzt vorgesetzt werden. – Oh Gott, was bin ich ein glückseliger Hund! DANKE!!! Ich wollte ja sowieso anderen dienen, auch durch die Anregung für die Tiergottesdienste (Birgit war früher Pfarrerin, und Fox bat sie in den damals noch von mir geführten Gesprächen mit ihm, dass sie „besondere" Tiergottesdienste halten solle, solche, in denen Tiere auch zu Wort kamen. Birgit erfüllte ihm diese Bitte, doch das ist eine andere und sehr erfreuliche Geschichte ...). Ich wollte Birgit dienen und sie anschubsen in weitere Bewusstseinsräume, ich wollte so etwas sein wie ein Kiesel, den du ins Wasser wirfst, und es entstehen dann Wellen, die sich nach außen ausdehnen. Das war und ist mein Lebenswunsch, Impulse zu setzen und in die Weite zu schwingen, etwas in Bewegung zu bringen.*

Rose: *Danke, du Wunderknabe. Es ist mir eine Ehre, dir begegnet zu sein. Wo immer und wie lange auch immer du verweilen möchtest, sei gesegnet auf deinem Weg.*

Fox: *Danke. Und ich bin dir, Rose, auch zutiefst dankbar für dieses Gespräch – und dir, Birgit, für die vollen Näpfe, trotz der Nebenwirkungen. Mein Körper ist halt schon alt. Bitte um Nachsicht. Doch seid gewiss, dass auch in meinen Pupsen ganz viel Liebe und Dankbarkeit enthalten ist. Danke, danke, danke!*

Knapp ein Jahr später war Fox sehr zittrig und dünn geworden, er sah schon fast durchsichtig aus, auch sein Blick war nicht mehr fokussiert, sondern verlor sich in der Weite. Birgit hatte ihm seinen Wunsch erfüllt und ihm so viel zu Essen angeboten, dass Fox wirklich erst dann aufhörte, wenn er wirklich nicht mehr konnte. Am Anfang waren das drei volle Näpfe mit allem, was die Küche hergab. Als Fox begann, Reste in den Näpfen zurückzulassen, bot sie ihm noch zwei Näpfe an, dann einen …

In dieser Zeit schickte mir Birgit ein Foto, auf dem Fox, kuschelnd mit ihren beiden Katzen, abgebildet war. Ich hatte beim Betrachten ganz stark das Gefühl, dass die Katzen mit ihrem hohen emotionalen Potenzial mithalfen, die alten emotionalen Wunden von Fox aus der Laborzeit zu heilen, so dass er dieses Kapitel in diesem Leben wirklich abschließen und befreit weiterziehen konnte.

Er ließ mich auch wissen, dass Essen für ihn Ersatz für echte emotionale Zuwendung in der Laborzeit war und dass er, obwohl er sich (leider nur manchmal) auch satt essen konnte, fast verhungert wäre. Dieses Panikgefühl konnte er nie ganz loswerden. Und er brauchte diese Erregtheit angesichts von Futterquellen – ich nannte es Gier –, um seinen Hunger nach echten Gefühlen auszudrücken und um Stress bzw. dieses alte Trauma abzubauen.

Fox zeigte nun jedoch deutlich, dass seine Sucht geheilt, dass er im wahrsten Sinne des Wortes „erfüllt" war. Birgit setzte auch das Spray nicht mehr ein, um ihm wieder auf die Beine zu helfen. Er wollte ruhen, das war deutlich zu spüren und zu sehen. Birgit sowie eine feinfühlende Tierärztin halfen ihm dabei.

Allen verheerenden klinischen Befunden zum Trotz

Ina und ihre Autismus-Assistenzhündin Abayomi lernte ich bei einem Tierkommunikationsseminar kennen. Abayomi und meine Hündin Lucina verstanden sich auf Anhieb so gut, dass man hätte meinen können, die beiden kennen sich schon lange, auch wirkten sie äußerlich wie Geschwister.

Einige Jahre später, es war ein ziemlich heißer Junitag, saß Ina wieder im Kreis der Teilnehmerinnen in einem meiner Kurse. Als Asperger-Autistin vermied sie es normalerweise, sich in einer Menschengruppe aufzuhalten, denn sie war sehr schnell von den Eindrücken und Reizen überflutet und überfordert. Doch die Energie in meinen Kursen, so empfindet es Ina auch heute noch, sei für sie stets sehr angenehm und beruhigend. Wieder kam sie natürlich in Begleitung ihrer damals schon 13 Jahre alten Hündin. Diese machte einen müden und trägen Eindruck, war geistig jedoch sehr präsent. Draußen herrschten sommerliche Temperaturen, also wollte ich einer älteren Hundedame dieses Tief zugestehen.

Doch nach dem Seminar, als ich mit dem Aufräumen beginnen wollte, erzählte mir Ina von den höchst besorgniserregenden gesundheitlichen Problemen ihrer Hündin: Sie hatte in den letzten

Tagen einen Atemstillstand, massive Herzprobleme, eine Art Schlaganfall, einen epileptischen Anfall und Blutwerte, die völlig entgleist waren und nichts mehr an Leben spiegelten.

Ina erzählte mir auch, dass sie bereits in Vorbereitung eines würdigen Abschieds von ihrer Hündin war, Tag und Nacht bei ihr saß und den Rat von gutmeinenden Menschen, ihre Hündin endlich erlösen und einschläfern zu lassen, zwar bedachte, doch noch keine Notwendigkeit dafür erkannte. Denn Abayomi schlief meist ganz tief und friedlich, als wäre sie schon auf der anderen Seite. Sie hatte keine starken Schmerzen, und ihre Ausstrahlung war so heilig, dass Ina tiefe Ehrfurcht fühlte und es klar war, dass sie bei Yomi (so die Koseform ihres Namens) wachen und sie entscheiden lassen wollte, ob sie noch einmal ins Diesseits zurückkehren oder ob sie auf der anderen Seite bleiben wollte – und ihr Herz irgendwann aufhörte zu schlagen. Als das Seminarwochenende nahte, war Yomi wieder häufiger wach und wollte sich auch bewegen. Daher traute sich Ina, zusammen mit Yomi an dem Seminar teilzunehmen, auch weil sie wusste, dass ihre Hündin so gerne mit meiner Hündin Lucina zusammen war.

Meine Hündin pflegte nach Seminaren bis zum Schluss auf ihrem Platz liegen zu bleiben, bis ich alles aus- und aufgeräumt hatte. Dann erhob sie sich, ich packte ihre Decke zusammen und wir verließen gemeinsam den Seminarraum.

Bei diesem Seminar war es irgendwie auffällig, dass keine/r der Teilnehmerinnen und Teilnehmer gleich weggehen wollte. Sie halfen mir beim Hinaustragen der Bücherkisten und anderen Seminarutensilien, wuschen das Geschirr ab, fegten den Raum aus – es schien beinahe so, als würden sie auf irgendetwas warten. Ich nahm das in meinem Aufräummodus mehr am Rande wahr, doch es war auffällig.

Plötzlich machte mich Ina darauf aufmerksam, dass sich Abayomi ganz dicht vor Lucina gelegt hatte, mit dem Rücken zu ihr. Lucina, Abayomis Körperposition zugewandt, hatte zuerst ihre beiden Vorderpfoten auf Abayomis Leib gelegt, später nahm sie eine Pfote zurück. Doch die andere hielt sie ca. 20 Minuten lang auf ihrem Bauch. So wie auf dem Foto.

Die beiden Hündinnen rührten sich nicht, ebenso wenig wie die Kursteilnehmer. Wir alle standen staunend und ehrfürchtig in einigem Abstand vor dieser „Behandlung“. Ja, Lucy gibt Yomi eine Behandlung, kam mir in den Sinn! Und später sollte ich erfahren, dass es vor allem Yomis Bauchspeicheldrüse und Milz waren, die von Lucina behandelt wurden (was man auf dem Foto auch gut sehen kann), denn diese Organe hatten schon so gut wie ihren Dienst aufgegeben.

Abayomi und Lucy

Jemand kam auf die Idee, ein Foto zu machen. Dafür bin ich sehr dankbar. Auch davon ließen sich die Hündinnen nicht stören. Erst, als die beiden die Behandlung als abgeschlossen betrachteten, regte sich Abayomi, dann Lucina. Nach einigen Minuten verließen wir alle – Zeugen geworden von etwas, was wir damals noch nicht begreifen konnten – noch immer tief berührt den Seminarraum.

Da ich dieses Spray, mit dem ich schon einige Zeit so wundervolle Erfahrungen machen durfte und das Fox einmal so sehr geholfen hatte, immer bei mir habe, gab ich Ina für Yomi eine Flasche mit, zusammen mit einer Anleitung, wie sie es bei Yomi anwenden sollte.

Ina berichtete mir Tage später, dass Yomi dieses Spray von Beginn an mochte, dass sie ihr sogar stets zaghaft ihren Kopf entgegenstreckte, obwohl sie eigentlich vor Gegenständen Angst hatte, die einfach sprühen, ohne dass sie es sehen konnte vorher, weil sie nicht mehr so gute Augen hatte.

Und dann, so Ina, geschah das völlig Unerwartete: Yomi fing wieder an zu fressen, zu trinken und kam immer mehr in das Diesseits zurück. Die Tierärzte verstanden es überhaupt nicht, denn auch ihre Bauchspeicheldrüse und Milz hatten schon aufgehört, ihren Organismus zu versorgen und zu entgiften.

Noch unglaublicher war, schrieb Ina einige Wochen später, dass Abayomi wieder rannte und hüpfte. Das Beste, was sie damals im Juni erhoffen konnte, war, dass Yomi noch einmal ihre Augen aufmachen und ihre Nachfolgerin und Teamgefährtin Rosalie mitbekommen würde, die damals schon bei Ina und Yomi lebte und die die alte Hündin sehr in ihr Herz geschlossen hatte. Die Behandlung von Lucina, das Spray und was es auch immer sonst noch war, haben eine ganz sanfte Welle bei Abayomi ausgelöst, die sie erst einmal wieder dauerhaft in das Diesseits zurückgetragen hat.

Die Hündin sprach in den folgenden telepathischen Kontakten immer wieder von Wellen in ihrem über ein Jahr lang dauernden Vollendungsprozess:

„Es sind Wellenbewegungen, hin und her. Und mit jedem Hin lasse ich ein Stück Hiersein los, und mit jedem Her bringe ich ein Stück himmlisches Jenseits in diese Welt. Es ist gut so."

Durch diese Wellenbewegungen gab Yomi ihrer Ina so viel Zeit, wie diese brauchte, um immer wieder eine Schicht tiefer in das Abschiednehmen einzutauchen. Wichtige Aspekte dieses Abschiednehmens waren das In-den-Vordergrund-Heben der Dankbarkeit für ihre beiden Leben, auch für das Leben von Rosalie und für den Hinweis, im Jetzt zu sein, dem Jetzt zu vertrauen, auch der Weisheit des Lebens zu vertrauen. Ina hatte in ihrem Leben viele ihr nahestehende Menschen durch plötzliche Tode verloren, was jedes Mal ein neuer Schock für sie war. Nun schien es, dass Yomi all diese Wunden bei Ina mit ihrem Lebenszeitgeschenk heilen wollte und konnte.

Rosalie ist die heutige Assistenzhündin von Ina. Damals war ihre Ausbildung noch nicht abgeschlossen. Dank der wundersamen

Regeneration von Abayomi konnte diese ihre Schülerin aus Hundesicht und mit Hundeweisheit noch weiter ausbilden, und sie hatten dabei einen Riesenspaß.

Noch 16 Monate kostbare Lebenszeit konnte Abayomi mit ihrer Ina und der jungen Rosalie teilen. An einem Septembertag ließ sie ihren müden Körper los.

Ina hat einen großen Bekanntenkreis. Auch durch ihre Petition, die sie mit der Absicht initiierte, dass Krankenkassen die Assistenzhunde für Autisten genauso anerkennen und die Ausbildungskosten übernehmen wie bei Blindenassistenzhunden, wurde sie bundesweit bekannt. Ihre Hündin Yomi gab ihr zu Lebzeiten immer wieder Kraft hierfür. So kamen viele Gäste zu der Trauerfeier für Abayomi, es gab Reden und Liedbeiträge, und schon bei dieser Feier machte sich Yomis Seele mit kleinen eher lustigen Ereignissen, die die Menschen und erst recht Ina wundern ließen, bemerkbar, weil sie Ina darauf hinweisen sollten, dass ihre Seele ganz in ihrer und Rosalies Nähe war.

„Gegangen und doch hier.

Du und ich, ewig wir.“

Diese Botschaft von Yomis Seele für Ina erhielt ich einfach so. Als ich Ina anrief und sie ihr mitteilte, verstreute sie gerade etwas von Yomis Asche bei „ihrer“ Stieleiche in Freiburg, einem Lieblingsplatz von Ina und Yomi. Auch das war eine von vielen noch folgenden „Zufällen“ und Fügungen, die Ina erleben durfte und immer wieder erlebt, auch zusammen mit ihrer Hündin Rosalie. In *Kapitel I – Das scheinbar Unsichtbare* erzählte ich bereits von ihren wirklich erstaunlichen Erlebnissen, die – so sehe ich es – Ina immer wieder verdeutlichen, dass Yomis Seele die beiden begleitet und dennoch ganz frei die Glückseligkeit im Jenseits genießt.

Kapitel V
Verfrühter Tod eines Tiergefährten

Was sagen Tiere dazu, wenn ihr Leben aus menschlicher Sicht zu früh endet?

„Nichts geschieht ohne Zustimmung der Seele“

Als sich Ruth, die Menschenfreundin von Nala und anderer Katzen, mit denen ich davor schon sprechen durfte, wieder einmal an mich wandte, hatte Nala gerade ihren 2. Schlaganfall erlitten. Ruth wollte wissen, ob Nala denn noch leben oder zu ihrem ehemaligen Gefährten Moritz wollte, der einige Zeit davor bei einem Autounfall ums Leben gekommen war. Ich sollte Nala auch fragen, ob es damals dramatisch für sie gewesen war, dass sie den Unfall von Moritz mit ansehen musste.

Nala antwortete: *„Wollt' ich zu Moritz, wär' ich schon bei Moritz. Ich bin hier bei dir und Peter, also will ich hier bei euch sein. Da ich ja weiß, warum Moritz durch den Unfall gegangen ist, war es kein wirklicher Schock, sondern eher ein Staunen: Aha, so kann es also auch gehen.*

Ich erlebe Moritz ja nicht als ‚nicht mehr da‘, so wie du. Wir sind noch immer in Kontakt.

Er und ich helfen dir und Peter (Ruths pflegebedürftiger Mann) – auf eine Weise, die für dich ungewöhnlich ist. So nehme ich große Spannung von dir ab. Kannst du das annehmen?“

Nala erklärte das mit dem Abnehmen von Spannung dann noch weiter:

„Wenn ein Mensch so etwas erlebt (Nala meint den Schlaganfall), ist das ein Drama. Denn er kann nicht mehr sein gewohntes Leben führen. Das gewohnte Leben war vermutlich nicht so passend für diesen Menschen, er hat sich vielleicht zu viel aufgebürdet, wollte zu viel zu schnell. Nun ist er zur Ruhe gezwungen,

braucht Pflege. Sein Ego ist damit gar nicht einverstanden. Seine Seele weiß jedoch, warum es so gut ist und nicht anders.

Ich habe diese Probleme mit einem Ego nicht. Ich habe dir Spannung abgenommen, liebe Ruth, damit du gesund bleiben und Peter versorgen kannst. Ja, mein Körper reagiert nun anders als sonst. Ich beobachte das, mache diese Erfahrung, doch ich leide nicht. Ich bin jetzt Nala plus dieses und jenes, und nicht weniger als vorher.“

Im Februar davor, kurz nachdem Kater Moritz den Unfall hatte, führte ich bereits ein Gespräch mit Nala, da Ruth meinte, es ginge Nala nicht wirklich gut. Ich durfte sie also fragen, wie es ihr ging, ob sie durch den Unfall von Moritz ein Trauma erlitten hätte, ob sie sagen könnte, warum Moritz (kaum bei ihnen eingelebt) von ihnen ging und was das zu bedeuten hätte. Auch wollte Ruth wissen, ob Moritz noch etwas durch Nala mitteilen möchte.

Nala sagte, dass sie kein Trauma habe. Doch dass Moritz noch da sei, weil er auf etwas warten würde, und weiter teilte sie mit:

„Moritz wurde abberufen, um eine Zeit lang aus dem Geistigen zu wirken. Wir Tiere haben oft Aufgaben, von Menschen unerkannt und unverstanden, und denen wollen wir nachgehen. Moritz wünscht sich, dass ihr ihn wirklich loslasst, dass ihr seinen Weg akzeptiert, euch nicht schuldig fühlt.

Er weiß, dass es für Peter viel schwieriger ist als für dich. Er hat sehr viel für Peter getan und tut es noch immer. Peter weiß das im tiefsten Innern und hat Angst, dass diese Unterstützung wegfällt. Diese Angst ist unbegründet, weil Moritz so lange ‚hier‘ bleibt, bis ein ‚neuer‘ Kater dann bald diese Aufgabe übernehmen kann. Es braucht einen Kater für Peter. Ich, Nala, kann eine Zeit lang gut allein sein. Schaut euch also in aller Ruhe nach einem neuen Kater um. Er sollte nicht mehr ganz jung sein, schon Lebenserfahrung mitbringen und eine neue Aufgabe wollen, weil seine Menschen gegangen sind. ...

Ihr müsst lernen, uns Tieren zu vertrauen und die Kontrolle abzugeben. Ihr habt es nicht in der Hand, wie lang ich und andere eurer Tiergefährten leben werden, ihr könnt ein Tier nicht festhalten durch Einschließen. Durch eure Straßen und Autos haben wir eine Form von Wildnis, und wir wollen lernen, uns in ihr zurechtzufinden, denn das müssen wir. In der anderen Wildnis gibt es auch das, was ihr Gefahren nennt. Da werden wir von anderen Tieren erbeutet und gegessen. In der Straßenwildnis sind es Autos und andere Fahrzeuge oder Maschinen. Doch du weißt ja inzwischen, dass nichts ohne die Zustimmung einer Seele geschieht.

Was eine Tierseele will, ist eben für die Menschen nicht ersichtlich, sogar für das Tier selbst nicht immer. Es hat einfach absolutes Vertrauen in seine höhere Führung und weiß, dass seine Seele nie stirbt, auch wenn sie die Kleider und Dimension wechselt.

Es ist von so großer Bedeutung für euch Menschen und eure Entwicklung, dass wir so sind. Also bestärkt uns in unserem Sosein. Danke von Herzen. Nala"

Es brauchte also einen neuen Kater im Leben von Ruth und Peter, damit Moritz seine Aufgabe abgeben konnte. Dieser „Neue", ein charmanter, zärtlicher 8-jähriger Kater, trat, einige Monate nachdem Nala ihren Lichtkörperprozess vollendet hatte (s. *Kapitel VII*), in ihr Leben. Er wurde Romeo genannt und erfüllt noch heute seine ihm übertragene Aufgabe aufs Beste.

Alle Tiere, die durch einen Unfall ihr Leben vollendet haben und mit denen ich sprechen durfte, bestätigten Nalas Worte: *„Nichts geschieht ohne Zustimmung der Seele."*

Welche übergeordnete und überpersönliche Bedeutung ein tödlicher Unfall auch haben kann, erzähle ich in der Geschichte von Blacky in *Kapitel VIII*.

Brutkästen für Frühchen

Ein anderer „Unfall" mit Todesfolge und das Gespräch, das ich anschließend mit der Seele im Jenseits führen durfte, wies mich auf eine mir bis dahin unbekannte Möglichkeit für Tiere nach ihrem Übergang hin.

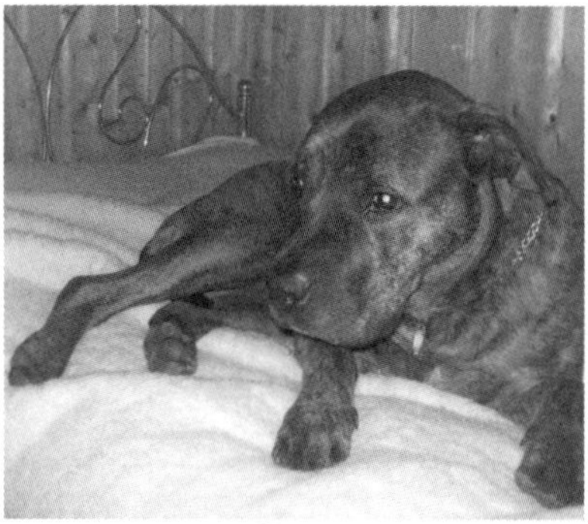

Xena

Während der Vorbereitung auf ein MRT[8] und einer danach geplanten Operation in einer Tierklinik wurde die Hündin Xena durch eine für sie unverträgliche Kombination von Schmerz- und Betäubungsmitteln „aus Versehen" getötet. Sarah, ihre Menschengefährtin, hatte zwar dringlich auf diese Unverträglichkeit hingewiesen, doch das Personal in der Tierklinik hatte diesen Hinweis nicht beachtet. Sarah war außer sich, als sie vom Tod ihrer Hündin erfuhr. Sie schaltete auch gleich einen Anwalt ein, so berichtete sie mir.

Ihre Bitte, Xenas Seele zu befragen, erreichte mich zwei Tage nach dem Tod der Hündin. Bei dem Versuch der Kontaktaufnahme nahm ich wahr, dass diese Seele von einer Art ganz weichem Schutzwall umgeben war. Es sah aus wie lauter flauschige Flügel von Wesen, die im Kreis um Xena herumstanden und auf sie schauten. Ich wusste, dass ich da nicht stören durfte oder konnte. Es dauerte etwa zwei Wochen, dann plötzlich kam ich in Kontakt.

Xena beschrieb diese Zeit als ein Nachreifen, ein Vollenden in einer Art Brutkasten. „Wenn also ein Tier (bei Menschen weiß ich nicht, ob es das auch gibt) früher sterben muss als ursprünglich geplant, gibt es diese Hilfe auf der anderen Seite", sagte sie.

Xena sah es als ihre Aufgabe, Missstände in dieser Klinik aufzudecken, und wusste, dass ihre Menschenfreundin Sarah engagiert genug war und auch keine Kosten scheute, auf diese Mängel

[8] MRT = Magnetresonanztomographie, wird in der medizinischen Diagnostik zur Darstellung von Struktur u. Funktion der Gewebe und Organe im Körper eingesetzt.

hinzuweisen. Also erklärte sich Xenas Seele bereit, diese Erfahrung zu machen, diesen „Unfall“ geschehen zu lassen. Sie sagte, die Kliniken seien zu sehr vom Gewinndenken beeinflusst, die ÄrztInnen und HelferInnen hätten oft zu wenig Erfahrung, hielten Warnungen wie in diesem Fall für Hysterie der Tierhalter – und seien gleichzeitig total überfordert, eben durch die Profitausrichtung, dann durch Personal- und Qualifikationsmangel sowie dadurch, dass viele Tierhalter einen großen Anteil ihrer Verantwortung an das Klinikpersonal bzw. die Tierärzte abgäben. Hier müsse sich etwas Grundlegendes ändern, sagte Xena.

Da es mich interessierte, wie es Sarah mittlerweile ging und was sie unternommen hatte, rief ich sie knapp ein Jahr nach Xenas Tod an. Sie war noch immer wütend, als sie mir Details zu dem – es lässt sich nicht anders sagen – fahrlässigen Verhalten des Klinikpersonals und sogar des leitenden Tierarztes schilderte. Es lief so ziemlich alles schief, was schieflaufen konnte.

Sarahs Anwalt hatte, nachdem die Klinik bzw. der leitende Tierarzt nicht auf seine Schreiben reagiert hatte, Klage wegen eines „groben Behandlungsfehlers“ eingereicht. Sarah stand mittlerweile auch mit ähnlich Leidtragenden in Kontakt und erfuhr, dass die meisten es nicht gewagt hatten, rechtlich gegen einen solchen „groben Behandlungsfehler“ vorzugehen, oder nicht wussten, dass es überhaupt möglich war.

In einer Klageerwiderung, berichtete Sarah weiter, wurden unwahre Behauptungen sowie Zeugen aufgeführt, die gar nicht vor Ort waren. Sie erfuhr allerdings auch, dass es keine Ärztin war, die die Narkose setzte, sondern eine Assistentin. Nicht nur einmal widersprach sich der Arzt selbst, gestand sogar indirekt Fehler ein.

Vor einer anstehenden Gerichtsverhandlung bot der Arzt Sarah an, auf den Ausgleich seiner Rechnung für die „Behandlung“ zu verzichten, wenn sie die Klage zurücknähme. Was sie dann auch tat. Doch eine Entschuldigung von Seiten des Tierarztes gab es nie. Sarah wird, so versicherte sie mir, auch künftig nicht ihren Mund halten und Aufklärung betreiben, wo immer es möglich ist.

Auch wenn mir durch die vielen Tiergespräche eine erweiterte oder übergeordnete Sichtweise auf solch ein tragisches Geschehen möglich ist, möchte ich auch die Hoffnung nähren, dass das Opfer der Hündin einen Sinn hat, ganz irdisch gesehen. Denn wir, die wir Verantwortung übernommen haben für unsere tierlichen Begleiter, brauchen gute Tierkliniken! Wir brauchen dort qualifizierte Menschen, die uns ernst nehmen, die sich Zeit nehmen für uns und unsere Tiere und die vor allem wissen, was sie tun.

Was mich wirklich sehr tröstet bei dieser Geschichte, und das hoffe ich auch für Sarah, ist, dass es diese wundervolle Einrichtung von „Brutkästen für Frühchen" im Jenseits für solche tierlichen Helden und Heldinnen wie Xena gibt.

Pablito

Die Menschengefährten von Pablito – in *Kapitel XII* erzähle ich noch einmal kurz von ihm – haben in einer anderen Tierklinik nur positive Erfahrungen gemacht. Sie fühlten sich verstanden und wirklich unterstützt in der Zeit, als Pablitos Körper nach mehreren verschiedenen Befindlichkeitsphasen starke Symptome des inneren Zerfalls zeigte und eine Ultraschalluntersuchung dies auch bestätigte. Reich sei sein Leben gewesen, teilte Pablito mir in einem telepathischen Kontakt an seinem letzten Lebenstag mit. Hier seine Worte:

„Hab meinen Wagen vollgeladen, voll mit ganz viel Leben.

Und es ist an der Zeit, dies Leben zu vergeben.

Ich bin ein Wellenreiter, habe alle Phasen durch."

Niemand in dieser Tierklinik drängte meine Freunde zu etwas, dafür wurde ihnen ganz viel Mitgefühl und Verständnis für ihren Wunsch entgegengebracht, Pablito wieder mit nach Hause nehmen zu wollen, um den Abschied in der vertrauten Umgebung ganz feierlich gestalten zu können.

So geschah es auch am nächsten Morgen.

Kapitel VI
Wie erleben Tiere ihren Übergang?

Sterbekultur für Haustiere

An einem meiner Seminare über Sterbebegleitung für Haustiere nahm auch eine Tierärztin teil. Der Kursinhalt ist zwar für Tierhalter ausgelegt und nicht für Therapeuten und Ärzte, doch diese Tierärztin kam dennoch, und zwar auf Anregung einer Hündin.

Nina, so hieß die Hündin, hatte Krebs und war bereits operiert worden. Sie brauchte starke Schmerzmittel. Ihre Menschen hatten mich schon rechtzeitig um eine telepathische Kommunikation gebeten, wollten wissen, ob ihre Hündin eine weitere Operation wollte, wie sie sie am besten begleiten könnten, ob aktive Sterbehilfe für sie in Frage käme oder ob sie von sich aus vollenden könne.

Nina wollte eindeutig keine Operation mehr, weil diese sie zu viel Kraft kosten würde. Diese Kraft wollte sie lieber für die ihr noch verbleibende Lebenszeit nutzen.

Nina: *„... Doch wenn nichts mehr geht, dann schenkt mir und euch einen feierlichen Abschied, hier bei uns zu Hause. Mit dieser Ärztin, die ein großes Herz hat. Sie soll mir diese letzte Hilfe geben. Nutzt die verbleibende Zeit für Austausch, für Gespräche von Herz zu Herz. Gerne nehme ich ein bisschen Verwöhnen an, mit guten Leckereien, auch schöne Musik mag ich, sanft und feierlich. Bereitet mit all dem meinen Abschied vor und erlebt doch jeden Tag bewusst in Dankbarkeit und Freude über unsere Begegnung und unsere gemeinsame Zeit. Ich weiß um eure Trauer, doch gebt der Freude auch viel Raum.*

Bleibt ruhig, auch wenn mein Körper stärkere Abschiedszeichen zeigt. Ich bin im Frieden damit, bitte nehmt Teil an diesem Frieden.“

Nina bekam schließlich von der Ärztin „mit dem großen Herzen“ aktive Sterbehilfe, im Kreis der Familie zu Hause. Die Hündin hatte zwar auf mögliche stärkere Abschiedszeichen hingewiesen, doch als diese dann eintraten, hatten die Menschen große Probleme damit. Nina schrie nämlich ganz furchtbar, nachdem sie die Spritzen erhalten hatte, und nicht nur einmal. Sie hatte offensichtlich Schmerzen! Dies ging den Menschen von Nina sehr nahe und sehr lange nach, sie fühlten sich sehr schlecht, denn sie wollten ihrer geliebten Hündin auf keinen Fall Schmerzen zufügen. Darum baten sie mich, Kontakt mit Ninas Seele im Jenseits aufzunehmen.

Nina: *„Ich segne euch alle, die ich kennengelernt habe, physisch und geistig, aus dem Sein der Liebe, des Lichts, des Friedens.*

Der Schmerz war da, ja, doch ich bin weitergegangen. Bitte geht auch ihr weiter, haltet an der Situation nicht fest. Für mich spielt das jetzt keine Rolle mehr. Mein Gepäckinhalt bei meiner Reise hierher besteht aus Dankbarkeit für diese heilsame und großartige Erfahrung bei euch, besteht aus Liebe für euch und alles, was geschah.

Meine Schreie waren auch ein verstärktes Rufen an meine geistigen Helfer, denen ich die Beschleunigung meiner Vollendung signalisieren wollte. Auch wenn alle meine Anteile diesen Weg wollten, war dann die Aktion selbst doch etwas, was mein Seelen-Körper-System kurz überrumpelte. So hatte das Schreien für mich auch etwas Befreiendes. Das sollt ihr wissen!

Dass von euch dieser Schmerz unbeabsichtigt war, weiß ich natürlich!

Für die Ärztin mit dem großen Herzen mag es ein Hinweis sein, diesen Vorgang der Vollendungsbeschleunigung neu zu bedenken und Wege und Mittel zu finden, sie einem Tier noch leichter zu machen. Sie soll wissen, dass wir alles mitkriegen, auch den Zeitpunkt, an dem die Todesspritze wirkt. Lediglich der Körper kann dies nicht mehr zeigen, da er durch die Narkose gelähmt ist. Es ist an der Zeit, dass offene Menschen damit beginnen, diese Methode zu verfeinern, zu ergänzen, im Wissen, dass alles, wirklich alles in den Bewusstseinswelten (geistigen Welten) gespeichert wird, also auch die Gefühle und Gedanken der Menschen bei einer solchen Handlung.

Vollendungsbeschleunigung kann ein Akt der Gnade sein, wenn sie liebevoll begleitet und ausgeführt wird. Damit wird die Liebesfrequenz auf der Erde verstärkt und erhöht. Vollendungsbeschleunigung, lieblos, mechanisch ausgeführt, verstärkt die Schwingung von Aggression und Feindseligkeit auf der Erde, zwischen und innerhalb der Arten. Beide Schwingungen wirken stark auf die Menschen zurück, die beteiligt sind.

Sie (die Ärztin) mag es als himmlischen Auftrag nehmen. Dies zu vermitteln ist Teil meiner irdischen Aufgaben, und wenn meine Vermittlung Früchte trägt, sind meine Schreie im Nachhinein Freudenschreie.

Ihr liebsten Menschen ihr, auch ihr habt angenommen, was ich vermitteln wollte. Und so webt eure Dankbarkeit in meine Dankbarkeit hinein, und dieses Webwerk schickt Schwingungen und Impulse in die irdischen und in die Bewusstseinswelten, die für alle und alles heilsam sind.

Solche liebevollen Erfahrungen, wie ich sie mit euch machen durfte, wirken weit über die Familie hinaus, das sollt ihr auch wissen.

Ich segne euch alle, die ich kennengerlernt habe, physisch und geistig, aus dem Sein der Liebe, des Lichts, des Friedens.“

Einige Zeit nach diesem Seelenkontakt rief mich die Klientin noch einmal an und teilte mir mit, wie sehr ihr dieses Tiergespräch mit Nina geholfen hatte. Und sie habe die Botschaft ihrer Hündin an die Tierärztin mit dem großen Herzen weitergeleitet.

Wenige Monate später in meinem Seminar erhoffte sich diese Tierärztin natürlich auch Informationen, die ihr in ihrer Praxis dienten. Ich wollte ihr einige Anregungen und Ideen weitergeben, wie die Euthanasie aus Sicht der Tiere besser und würdevoll begleitet werden könnte, und lauschte innerlich, was Tierseelen für sich und ihre Menschen wünschten. Weder die Tierärztin noch ich hatten damals eine Vorstellung davon, wie diese Informationen weitergegeben und umgesetzt werden könnten, doch ein Same war gelegt. Ich lauschte also und vernahm:

„Wenn die aktive Sterbehilfe nicht in der gewohnten Umgebung stattfinden kann, wäre ein Raum der Stille und Behaglichkeit anstelle des sterilen Tierpraxisraums schön, eine feierliche Atmosphäre, viel Zeit für die Menschen zum Abschiednehmen, vor und nach der Euthanasie.

Viel mehr Zeit auch von Seiten der Tierärzte und Tierärztinnen, die diesen Schritt mit viel Empathie begleiten sollten, wäre heilsam, für alle Beteiligten.

Ideal wäre, wenn jemand zur Stelle sein könnte, der/die die Tierkommunikation beherrscht, damit Herzensbotschaften zwischen Tier und Mensch noch übermittelt werden können."

Eine meiner Freundinnen arbeitet als Sterbekultur-Beauftragte in einem Seniorenheim mit Palliativabteilung. „Sterbekultur" ist eine neue Wortschöpfung, erschaffen von der Leiterin der Hospizbewegung mit Anschluss an dieses Seniorenheim. Anerkannte Ausbildungen in Sterbe- und Trauerbegleitung, Demenzberatung und anderen begleitenden Themen brachte meine Freundin mit und ermöglicht damit eine Tätigkeitsbeschreibung einer Sterbekultur-Beauftragten.

Sterbekultur- oder Palliativ-Beauftragte (so lautet die mittlerweile offizielle Bezeichnung) als anerkannte Präsenz in allen entsprechenden Einrichtungen: ein Anfang ist gemacht. Wie lange wird es wohl dauern, bis so etwas wie Sterbekultur auch in Tierkliniken und Tierarztpraxen präsent ist und unsere Tiergefährten und ihre Menschen eine entsprechende Begleitung erfahren dürfen?

Die Tierärztin mit dem großen Herzen hätte von mir während des Seminars gerne noch erfahren, wo die Seele eines Tieres den

Körper verlässt. Sie wollte mit der Kenntnis darüber vermeiden, dass sie bei der Euthanasie aus Versehen ihre Hand genau auf diese Körperstelle legte.

Hierauf hatte ich damals keine Antwort parat, doch ich versprach, diese Frage nach dem Seminar an das Seelenfeld der Tiere zu richten. Die Antwort hatte ich ihr zukommen lassen. Und Sie, liebe Leser, finden diese auf der nächsten Seite.

Purzels Übergang

Es war an einem 1. April und kurz nach meinem Umzug nach Meersburg, als meine Katze Purzel ihr Leben vollendete. *„Ab nächstem Frühjahr begleite ich dich aus der geistigen Welt“,* hatte sie einige Monate vorher angekündigt. In *Kapitel IV* berichte ich von ihrer Prognose über ihre noch verbleibende Lebenszeit.

Purzel

Während meiner Trauerzeit tauchte immer wieder eine Frage auf: Warum hatte Purzel mich gegen 6 Uhr früh gebeten, das Fenster zu öffnen? Sie vollendete ihr Leben eine Stunde vorher, also um ca. 5 Uhr. Ich schlief, ohne es zu wollen, nach dieser unruhigen Nacht doch noch einmal ein. Purzels Körper lag nach wie vor auf ihrem Fell auf meinem Bett. Plötzlich weckte mich Purzels Stimme, so wie ich sie zu ihren Lebzeiten stets wahrgenommen hatte, und sie bat mich, das Fenster zu öffnen. Das tat ich auch sofort, ohne zu verstehen … Erst viele Monate später fragte ich Purzels Seele nach dem Grund. Sie antwortete:

„Ich habe mit Verzögerung realisiert, dass ich meinen Körper verlassen hatte. Darum bat ich dich ja, das Fenster zu öffnen, um raus zu können, wie ich es morgens meistens tat. Ich wusste, ich

möchte raus, doch ich wusste noch nicht, dass ich jetzt auch durch ein geschlossenes Fenster gehen konnte. Erst als ich dann draußen war, habe ich verstanden.

Du hattest befürchtet, dass du mich festgehalten hast, weil ich, wie du es nennst, dein Zuhause war, und dachtest, dass ich dann, nachdem du das erkannt und mich damals auf dem Parkplatz in Ittendorf um Verzeihung gebeten hattest, endlich weiterreisen konnte (siehe Kapitel VII – Wie können Menschen besser loslassen?). Es ist vielmehr so, dass ich warten wollte, bis du verstanden hattest, und dann erst weitergehen wollte.

Aus eurer Sicht sieht das natürlich wie Nicht-loslassen-Können aus. Aus meiner Sicht und der Sicht anderer Tierseelen gehört unser Übergang und die Beobachtung, wie die Menschen damit umgehen, noch zu unserer irdischen Aufgabe. Wir können auch ohne Körper noch etwas bewirken, auf höchst liebevolle Weise, was für die Menschen nicht immer einfach sein kann. Wir wollen, dass die Menschen etwas verstehen, wir wollen, dass sie fühlen, wie berührt sie sind von dem Ereignis, wie sehr wir sie berührt haben zu Lebzeiten, wie sehr wir göttliche Präsenz in ihr Leben gebracht haben."

Ich erfuhr auch von anderen Tieren, dass sie nicht immer gleich begriffen, dass sie plötzlich körperlos waren. Einmal war es ein Unfall, dann ein Tod in der Narkose während einer Operation, dann wieder die Vollendung im Schlaf … also nicht nur eine typische Todesart, die ein Tier noch eine Weile in der Annahme verweilen ließ, einen Körper zu haben. Doch sie begreifen es dann recht schnell … und staunen über die so ganz andere Realität, in der sie sich jetzt befinden.

Wo verlässt die Seele eines Tieres den Körper?

Ich war sehr gespannt darauf, was die Tiere auf diese Frage antworten würden. Ich spürte immer wieder in das Seelenfeld der Tiere hinein, signalisierte meine Bereitschaft zu empfangen, und dann war es eines Tages so weit. Ein mir sehr vertrautes Wesen, meine Katze Purzel, die zu ihren Lebzeiten wie nach ihrer Vollendung meine Lehrerin war und blieb, erklärte es mir so:

„Die Seele ist eine Energie, die jede Zelle beseelt. Je nach Lebensthema eines Lebewesens, je nach Aufgabe oder Herausforderung kann die Energie einer Seele in einem Körperbereich besonders aktiv wirken. Wenn es zum Beispiel darum geht, die Herzensqualitäten wie Selbst- und Nächstenliebe zu entwickeln, ist die Seelenenergie im Herzbereich sehr stark. Wenn ein Mensch gewählt hat, ein großer Sportler zu werden, wird sich die Seelenenergie stark in Knochen und Muskulatur ausdehnen. Ein Schachspieler erhält Stärkung durch sie, indem sie sich in den Hirnhälften sowie im Solarplexus besonders entfaltet. – Ihr sprecht ja auch von Körper- oder Herzensintelligenz ... Bei uns Tieren ist das auch so, wenngleich wir andere Aufgaben haben.

Bei der Vollendung wird die Seelenenergie an einem solchen Schwerpunkt gesammelt, die Seele vollendet dort die Lebensaufgabe und tritt in diesem Bereich dann auch aus. Da sie nichts Stoffliches ist, kann etwas Stoffliches sie auch nicht aufhalten. Selbst wenn es etwas Undurchdringliches gäbe, könnte eine Seele dieses Hindernis einfach umgehen.

Bei Tieren, die eng mit Menschen lebten, ist dieser Bereich oft der Kopf, denn sie wollten die mentalen Qualitäten erkunden und erfahren; oder der Hals- und Nackenbereich, wenn es darum ging, einen Ausdruck zu finden für Verstehen und Verstandenwerden.

Ein Tier, das in Angst und Schrecken lebte oder die Ängste seiner Menschen trug, wird sich eher über die Nieren vollenden. Indem die Seele sich bei der Vollendung dort noch zentriert, geschieht Heilung in dem Augenblick, und die Angst wird nicht mitgenommen.

All dies sind Bilder zur Hilfe für euch Menschen, die ihr meist noch fassungslos vor dem Wunder des Lebens und des Sterbens steht.

Ihr seht Leben und Sterben als zwei, und es ist eins.

Ihr seht es als Kommen und Gehen, und es ist ein SEIN.“

Es gibt keine Bilder, keine Beschreibung …

Dieser Jenseitskontakt mit Purzels Seele endete mit den folgenden Worten und ihrem Segen:

„Um die Welten zu beschreiben, in die eine Seele ohne Körper eintritt, bräuchte es Bilder. Doch es gibt keine Bilder, es gibt keine Beschreibung, die wirklich zutrifft. Es gibt ein Wort in eurer Sprache, welches am ehesten geeignet wäre: Glückseligkeit.

Ihr Menschen verbindet mit Glückseligkeit einen Zustand, für den es dieses und jenes braucht. Doch es ist ein Zustand, für den es weder dieses noch jenes braucht.

Du, Rose, und ihr Menschen, die dieses hört, nehmt den Segen aus dieser Glückseligkeit entgegen."

Die Botschaft des Westfalenwallachs Cobi, mit dem ich nach seiner Vollendung Kontakt haben durfte, mag dieses Kapitel abrunden. Seine Menschengefährtin wurde nachts in den Stall gerufen, weil das Pferd sich wälzte und ganz nassgeschwitzt war. Der schnell herbeieilende Tierarzt stellte einen Darmverschluss fest und gab Cobi Schmerzmittel. Die Fahrt in eine Klinik hätte Cobi nicht überlebt, und so blieb nur eines … Zwei Tage zuvor waren meine Klientin und ihre Tochter noch mit ihm geritten. Demnach war ein solches Ende ein Schock für alle, und sie erhofften sich von einem telepathischen Kontakt mit seiner Seele etwas über den Hergang zu erfahren. Cobis Seele war sofort bereit zu antworten und zu trösten:

„Ihr Liebsten, ich möchte euch trösten. Ich bin zwar nicht mehr in dem Körper, in dem ich bei euch lebte. Doch ich bin noch, ich bin ... Formlos und doch in allem ... Nicht zu sehen und doch überall ... verschmolzen mit all den Gefährten all meiner Leben. Es gibt nicht wirklich die geeigneten Worte ...

Ich habe so viel Schönes als Erinnerung mitgenommen. All dies fließt in das große Ganze ein, alles weiß von allem. Und es strahlt zurück zu euch: liebend, schützend, heilend. Meine Vollendung war perfekt, die Schlussphase kurz. Die Schmerzen habe ich kaum wahrgenommen, den Kampf meines Körpers. Kampf ist auch nicht das richtige Wort, es war eher eine Kraftanstrengung. Mich Seele vom Körper zu lösen war anstrengend für den Körper.

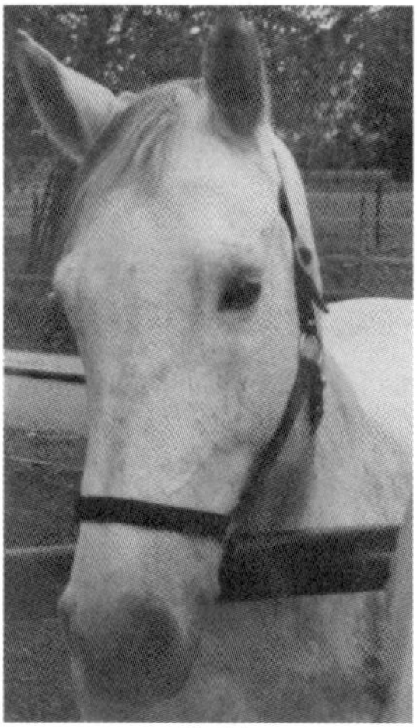

Cobi

Danke für eure Hilfe im richtigen Moment. Alles war wunderbar gefügt, hast du das nicht auch so gesehen? Alles andere wäre eine Qual gewesen, für mich und für euch! Klinik und so ... nein nein, das wollte ich nicht auf meine alten Tage. Ich wollte noch Pferd sein, kein Wrack, als ich ging. Danke auch für diesen letzten Ritt. Ich wusste, es ist der letzte, war voller Dankbarkeit für dich und alle mir Nahen. Und dankbar, euch bald im Frühling zu wissen, nachdem ich gegangen bin. Alles, was im Frühling geschah, liebte ich, das Aufleben von Mutter Erde, die wir Tiere als Wesen wahrnehmen, und die aufsteigende Kraft zu spüren – und dann das erste Gras, die frischen Kräuter. Die große Hitze wollte ich nicht mehr, nicht mehr die Fliegen. Ich wollte mit dem Gefühl des Erwachens der Natur, mit dieser Kraft vollenden. Meine Erinnerungen sind Gefühle, die natürlich an Ereignisse geknüpft waren, doch in der Erinnerung davon gelöst. Euer Lächeln, euer Lachen, eure Freude schenkten mir Freude und Glück. Eure Gespräche mit mir waren für mich wohliges Gefühl; ich habe mehr verstanden, als ihr ahntet. Es ist alles gut, liebste Menschen. Dank an euch, Dank an alle Helfer, Dank an den Arzt, der so schnell da war, danke, dass ihr euch alle habt inspirieren lassen von meinem Wunsch nach diesem perfekten Abschied."

Kapitel VII
Spirituelle Erkenntnisse und Einsichten

In einer telepathischen Kommunikation mit Fox, den Sie bereits aus *Kapitel IV* kennen und der maßgeblich an der Komposition auf der CD *Heilsame Klänge für Tiere II – Vollendung, Loslassen Neubeginn* mitgewirkt hatte, wollte er mir seine Sicht zu Krankheit, Heilung und Altwerden allgemein mitteilen:

Fox: *In der Parallelwelt wird auch geheilt. Im Schlaf sind wir in der Parallelwelt. Es wird allerdings nicht geheilt im Sinne von „verändert", denn dort ist schon alles heil. Ich nehme diesen Zustand, dieses Gefühl mit zurück, was dann Heilung in Gang setzt in der Hierwelt.*

Rose: *Können wir Menschen das mit unseren Gedanken steuern und somit bewusst in Anspruch nehmen? Oder geschieht das außerhalb unseres Willens oder außerhalb unserer Kontrolle?*

Fox: *Erinnerst du dich an den Traum mit dem Küchenschrank, in den du deine Probleme, Symptome gelegt hast über Nacht, und am nächsten Morgen war alles gut?*

Ich war völlig überrascht, dass Fox auch meine Träume kannte! Denn ich hatte tatsächlich einen solchen Traum, der mich nachhaltig beeindruckt, doch den ich mittlerweile längst wieder vergessen hatte. Damals führte ich ein Traumtagebuch. Darum kann ich an dieser Stelle detailliert über den Traum berichten: Ich befand mich in einem großen Haus mit vielen Menschen, es war eine Feriensituation, es gab auch viele Katzen, deren Fütterung ich übernommen hatte. Sie waren überall, auch in Schränken. Es hieß bzw. ich sagte den Leuten, dass die Schränke Heilkräfte hätten. Man stellte Verdorbenes oder Kaputtes rein, und am nächsten Tag konnte man es frisch wieder rausnehmen. Es gab da auch einen Kühlschrank. Darin befand sich eine tote Katze, die in einer teigigen Masse lag. Dieser Kühlschrank war ebenfalls ein Heilschrank. Ich hatte zwei weitere kleine kaputte Gegenstände in den Kühlschrank zur toten Katze gelegt. Und als ich am nächsten Morgen den Kühlschrank öffnete, befreite sich die wieder lebendige Katze aus der Masse, die nun aussah wie ein gebackener Kuchenteig, und spazierte unversehrt aus dem Kühlschrank heraus. Und ich sagte zu Fox:

Ja, ich staune nicht schlecht, dass du meine Träume kennst. Und du meinst, ich könne mir vor dem Einschlafen vorstellen, dass ich ein Problem oder etwas Beschädigtes – im übertragenen Sinne – oder ein krankes Tier in diesen Heilkühlschrank lege?

Fox: *Ja klar.*

Rose: *Es geht aber nicht immer alles weg, oder? Deine Knoten sind ja auch noch da. (Fox hatte mehrere große Knoten unter der Haut am Hals und Kieferbereich. Da sie sich verschieben ließen, waren sie nicht bösartig, sagte der Tierarzt.)*

Fox: *Das sind ja nicht nur* <u>*meine*</u> *Knoten ... Und es geht ja auch nicht nur darum, irgendetwas „wegzumachen". Heilung ist viel mehr.*

Rose: *Ja, das ist mir bewusst. Und doch sprichst du eine Möglichkeit an, die wir mehr nutzen könnten. Macht ihr Tiere das auch?*

Fox: *Natürlich. Und wenn die Menschen nicht so viel dazwischenpfuschen würden mit ihrer Chemie, wären wir auch „erfolgreicher".*

Rose: *Ist es nicht auch so, dass Tiere durch menschliches Eingreifen länger leben?*

Fox: *Pah! Diese Option ist nur was für Ungläubige! Für die, die meinen, es geht nach dem Tod nicht weiter. Länger leben in eurem Sinn heißt für uns nur, länger in einer Form (einem Körper) zu bleiben. Was auch eine spezielle Erfahrung ist, vor allem eine, die euch scheinbar erstrebenswert erscheint, weil ihr so viel ins Langleben investiert und an*

Versagen denkt, wenn es nicht klappt. Und weil ihr uns etwas länger in dieser einen Form um euch habt. Wärt ihr flexibler im Denken, wäre das alles kein Thema.

Auch meine Hündin Lucina steuerte etwas zu diesem Thema bei:

„Ihr sagt, der Tod trat um soundso viel Uhr ein. Doch er tritt schon viel eher ein. Er ist nichts Getrenntes vom Leben, er begleitet uns, ist eine Energieform im Leben, die wichtig, ja nötig ist, sonst wäre Leben nicht Leben. Tod findet ständig statt in uns, das ist nichts Neues. Etwas stirbt, etwas anderes entsteht (physisch, mental, emotional).

DER Tod ist der Abschluss, die Vollendung, wenn auf diesen irdischen Ebenen nichts Neues mehr entstehen kann, wenn es einen Dimensionssprung braucht.“

Bei allem, was mit dem Tod und danach zu tun hat, sind wir auf Quellen angewiesen, die sich nicht im üblichen Sinn verifizieren lassen. Diese Quellen stammen meist von Menschen, die Nahtoderlebnisse hatten oder die Texte channeln, und sind zum Teil auch widersprüchlich. Es gibt nur wenige Mitteilungen von Tieren. Diesen Mangel möchte ich mit diesem Buch ein Stück weit ausgleichen.

Das Buch *Zuhause in Gott* von Neale Donald Walsch[9], Autor u. a. der Trilogie *Gespräche mit Gott*, hat mich sehr beeindruckt. Die Tatsache, dass seine Bücher Bestseller sind, zeigt an, dass das darin Berichtete bei sehr vielen Menschen auf starke Resonanz stößt – auch bei mir. Zum Teil wohl auch deswegen, weil einiges von dem, was ich in dem Buch *Zuhause in Gott*, in dem es um das Sein nach dem Tod geht, mir einige Tiere lange vorher schon mitgeteilt hatten. In diesem Buch sagt Gott, dass die Menschen, wenn sie gestorben sind, erstmal das erleben, woran sie geglaubt haben. Wenn sie also glaubten, es gibt eine Hölle, so erleben sie Hölle,

---

[9] Walsch, Neale Donald, *Zuhause in Gott*, Goldmann Arkana Verlag

allerdings eher als Beobachter, als Zuschauer eines Films, den ihr Glaube produziert hat. Danach tauchen alle, wirklich alle, ein in diese unendliche Liebe. Es ist aus meiner Sicht ein sehr lesenswertes Buch, auch wenn Tiere darin nicht vorkommen.

Da Tiere nicht in der Illusion der Trennung leben, nicht an irgendwelche Weltanschauungen gebunden sind und keinen Glauben im menschlichen Sinne haben, brauchen sie diese Übergangsphase wie wir Menschen nicht. Meine Katze Purzel sagte jedoch, dass auch Tiere ihren Übergang individuell erleben, sehr stark beeinflusst von den Gefühlen ihrer Menschen, auch davon, ob sie loslassen können.

Wie können Menschen besser loslassen?

Viele Menschen wissen gar nicht, wie sie loslassen sollen, wohin sie loslassen sollen. Manche verwechseln Loslassen sogar mit Verrat, mit Im-Stich-Lassen.

Auch ich wusste lange nicht, wie ich loslassen sollte. Bis ich eines Tages im telepathischen Kontakt mit der Hündin Bijou eine sehr wertvolle Antwort erhielt, die eigentlich an ihre Menschenfreundin gerichtet war: *„Du darfst darauf vertrauen, dass du mich nicht gegen meinen Seelenwillen festhalten kannst. Und du bist dabei zu lernen loszulassen. Du kannst dir helfen, indem du dir jeden Tag vorstellst, dass du mich und mein Leben in Gottes Hand legst. ... Wenn du mich auf diese Weise abgibst, in die Hand der Kraft legst, die uns erschaffen hat, kannst du dann noch an Verrat oder an Im-Stich-Lassen denken? Lass ein Bild in dir entstehen, wie das aussehen könnte."*

„Loslassen" zu ergänzen oder zu ersetzen mit „Abgeben", in die Hände einer höheren Macht legen – das war der Schlüssel für mich. Ich erinnere mich noch genau an das Bild, welches damals vor meinem inneren Auge entstand: Ich legte ein Tier in eine große wie zu einer Schale geöffneten Hand, die sich aus den Wolken zu mir auf die Erde neigte, und ich wusste, dort ist es gut aufgehoben.

In *Kapitel III* berichte ich über Bijous Vollendungszeit und ihre kostbaren Mitteilungen noch ausführlicher.

Bei dem Verlust eines geliebten Wesens können wir es nach wie vor lieben, können trauern – und gleichzeitig loslassen, indem wir es in die Hand Gottes legen und seiner Liebe anvertrauen.

Wenn Sie Probleme mit dem Wort Gott haben sollten, können Sie auch sagen: *„Ich gebe dich an die Schöpfungskraft (oder All-Macht) zurück"* oder: *„Ich lege dich in die Hand eines Engels"* oder: *„Ich übergebe dich deinem (oder meinem) Krafttier"*.

Wenn Sie einen Bezug zu Heiligen haben, stehen diese ebenfalls zur Verfügung und nehmen Ihnen gerne etwas ab.

Dieses Abgebenkönnen ist auch eine gute Hilfe in anderen Situationen. Wenn jemand sehr krank ist, wenn es um ein Projekt geht, das sich gut entwickeln soll, wenn ich irgendwo Not sehe, aktiv jedoch nichts tun kann, dann kann ich das Problem oder die Situation ebenfalls in Gottes- oder Engelshand legen, überlasse die Hilfe, die Entwicklung also einem größeren Geist, einer höheren Intelligenz.

Als meine Katze Purzel ihr Leben vollendete, war ich ja gerade nach Meersburg umgezogen, stand inmitten von einem Durcheinander aus Umzugskartons und Möbelteilen, mein Hab und Gut. Mit ihrem Tod konnte ich gut sein, und es war mir auch klar, dass ich sie einäschern lassen wollte. Ich brachte sie am nächsten Tag zwei Orte weiter zu einem Tierbestattungsinstitut. Nicht klar war mir bis dahin, was ich mit ihr außerdem noch verloren hatte: mein Zuhause. Sie war mein Zuhause geworden in den vergangenen Jahren. Wenn wir früher umgezogen waren (und das kam oft vor), schaute sich Purzel stets gleich alles an, innen und außen, legte sich dann auf mein Bett und sagte: *„So, jetzt sind wir angekommen."* Nun, nachdem sie nicht mehr da war, hatte ich das Gefühl, kein Zuhause mehr zu haben, und das nahm mich überraschend stark mit. Ich fühlte mich jämmerlich.

Im Gespräch mit einer Freundin ließ ich noch einmal Erinnerungen an unsere gemeinsame Zeit aufkommen. Wie sehr hatte Purzel mir geholfen, mir gedient, mich gelehrt, mich geliebt. Und ich drückte auch meinen Schmerz über den Verlust meines Zuhauses aus. Da sagte meine Freundin: „Jetzt hat Purzel so viel für dich getan, jetzt tu ihr den Gefallen und lass sie gehen!" Das saß. Und das war gut so.

Ich fuhr kurz darauf nach Ittendorf auf den Parkplatz des Tierbestattungsinstituts, da ich wusste, dass Purzel dort noch im Kühlraum lag. Es war Wochenende, und die toten Tierkörper wurden erst wieder ab Montag zum Krematorium gefahren. Ich blieb in meinem Auto sitzen und suchte den Kontakt mit Purzels Seele. Ich bedankte mich noch einmal bei ihr und drückte auch meine Bestürzung darüber aus, erkennen zu müssen, dass ich sie unbewusst festgehalten hatte durch meinen Schmerz darüber, mein Zuhause verloren zu haben. Kaum hatte ich dies innerlich ausgesprochen, konnte ich sehen – ja, wirklich sehen – wie Purzels Seele sich löste und wie eine Rakete ins Universum schoss. In meiner tiefen Trauer war ich plötzlich auch sehr glücklich. – Damals dachte ich, dass Menschen mit solchen oder ähnlichen Gefühlen ein Tier festhalten und seinen himmlischen Weg blockieren könnten. – Es vergingen einige Monate, bis Purzel mich eines Besseren belehrte.

Nahtoderlebnis eines Hundes

Vikor, ein zur Zeit unseres Kennenlernens sechsjähriger Mischlingsrüde, kam über den Tierschutz Spanien zuerst in ein süddeutsches Tierheim. Dort begegnete er Erika, und wie sie mir schilderte, war ganz schnell klar, dass Vikor ihr Hund werden würde. Der Rüde brachte allerlei gesundheitliche Probleme mit, hatte ein räudiges Fell, Verdauungsprobleme und anderes, doch durch die hingebungsvolle Pflege von Erika konnte alles gut heilen. Nur eines war ihr noch nicht gelungen, dem Rüden nämlich seine starke Angst vor dem Autofahren zu nehmen. Sie musste ihn aus beruflichen Gründen oft weite Strecken mitnehmen, und Vikor kam fast um vor Angst, hatte heftige Panikattacken, sabberte, heulte, zitterte …

Zwei Jahre später wandte sich Erika an mich. Sie wünschte sich, dass wir uns persönlich kennenlernten, und das war aufgrund der Nähe unserer Wohnorte auch gut möglich. Als wir uns dann begegneten und ich ein erstes Mal in Vikor hineinspürte, hatte ich den Impuls, ihn vor einer telepathischen Befragung mit Bachblüten zu unterstützen. Und da war noch ein anderer Impuls.

Vikor

Ich beschäftige mich seit 2015 mit mentalen Heilmethoden. Damals war ich auf der Suche nach etwas, was ich den Menschen, die sich an mich wandten und ein Tiergespräch wünschten, an die Hand geben konnte, mit dem sie selbst in der Folge zu einer positiven Veränderung bei und mit ihrem Tier beitragen konnten. Es ging ja häufig um Krankheiten bei den Tieren oder um ein auffälliges Verhalten, weil das Tier Stress hatte. Mit diesen mentalen Heilmethoden, die sehr leicht zu lernen und anzuwenden sind, kann man zum Beispiel einen Heilungsprozess unterstützen, eine stressige angstvolle Situation entspannen u. v. a. m. Diese Methoden wirken nicht nur bei den Tieren, nein, natürlich in erster Linie beim Menschen, denn Tiere spiegeln ja häufig den Stress der Menschen. Man kann auch schwache Pflanzen, die nicht so richtig wachsen wollen oder die von Blattläusen und Rost befallen sind, stärken, so dass sie kräftig gedeihen und blühen und die Parasiten abwandern. All dies nur durch die Kraft der geistigen Vorstellung und positiven Gefühle, also komplett ohne Chemie. In *Kapitel IX*, in dem ich viele Empfehlungen und praktische Tipps zur Begleitung alter und sich vollendender Tiere gebe, gehe ich auf diese mentalen Heiltechniken noch näher ein.

Um Vikor und seiner Menschenfreundin zu helfen, schlug ich also vor, ihr zuerst eine passende mentale Methode zu erklären, um Vikors Ängste zu mildern und aufzulösen, und dann eine telepathische Kommunikation folgen zu lassen. Sie war sofort bereit, an die Arbeit zu gehen. 10 Tage nach unserer Begegnung schrieb sie, dass es mit Vikors Angst schon besser geworden sei, dass also die Panikattacken nicht mehr so heftig seien und sie ihn selbstbewusster erlebte. Wir hatten also den richtigen Weg gewählt.

Nun wollte Erika gerne wissen, ob Vikor einen bestimmten Platz im Auto bevorzugen würde und wie sie ihm sonst noch helfen könnte. Also ging ich über ein Foto in telepathischen Kontakt mit Vikor. Und es ist dieses Tiergespräch, welches mir wieder eine neue Facette zeigte von Lebens- und Überlebensmöglichkeiten der Tiere und dass auch Tiere Nahtoderlebnisse haben und davon sogar berichten können.

Als ich mit Vikor telepathisch Kontakt aufnahm, „sah" ich, wie er sich in eine Art Tunnel zurückzog. Erst als er mich wiedererkannte und er mein Anliegen verstand, traute er sich daraus hervor. Er zeigte mir also seinen inneren Fluchttunnel. Was er mich auch wissen ließ, war, dass er einmal schon sehr weit in diesen Tunnel hineingegangen war, bis dorthin, wo strahlendes Licht ihn erwartete. Er zeigte mir Szenen von einem schweren Verkehrsunfall bei dem Transport von Spanien nach Deutschland. Und er hätte zu einem der nicht überlebenden Hunde zählen können, wenn, ja wenn – so sagte Vikor – ihn nicht jemand gerufen hätte. Dabei war er schon im Licht angekommen, dort, wo alles gut war.

Das Unfalltrauma blieb, und das Praktizieren des Weggehens in diesen Tunnel geschah jedes Mal, wenn er sich in ein Auto setzen musste. Leider half ihm das innere Weggehen nicht wirklich, denn sein Körper hielt ihn und schlug Alarm.

Mit der eingesetzten mentalen Heilmethode konnte Vikor recht schnell und effektiv geholfen, das Trauma also gelöst werden. Und nur weitere zwei Wochen später schrieb die Klientin:

„Es ist unglaublich, inzwischen kann ich während der Fahrt an Vikor Fleischwurst verfüttern, und er frisst sie und schaut dabei aus dem Fenster. Das wäre vor zwei Monaten nicht im Ansatz möglich gewesen. Wir danken Ihnen von Herzen."

Lichtkörperprozesse bei Tieren

Nala, von der ich bereits in *Kapitel V* erzählte, war vierzehneinhalb Jahre alt, als sie ihren zweiten Schlaganfall erlitt. Ihre Menschenfreundin Ruth war natürlich sehr besorgt und bat mich, mit ihrer geliebten Katze Kontakt aufzunehmen, denn seit diesem Ereignis nahm sie nur noch ein paar Tage lang mit Wasser verdünnte Katzennahrung zu sich, dann nur noch Flüssiges, und etwa eine Woche danach mochte sie auch nichts mehr trinken.

Nala

Nala teilte mit, dass ihr nichts fehle und sie mit ihrem Zustand sehr gut zurechtkomme. Sie sagte auch, dass sie Ruth große Spannung abgenommen und ihr Körper jetzt so darauf reagiert habe. Sie würde ihren physischen Zustand einfach nur beobachten, nicht bewerten – und nicht leiden, es nicht als Mangel betrachten. Nein, sie sehe sich jetzt sogar als eine Nala plus dieses und jenes. Sie bedankte sich auch bei Ruth und ihrem Mann Peter dafür, dass sie ein reiches Leben hatte und noch hat. Ruhige besonnene Hilfe von Ruth wollte sie gerne annehmen, doch vor allem bat sie darum, dass Ruth ihr Geschenk annehmen möge – und sie bat um Akzeptanz für ihren Weg. Dennoch hatte Ruth viel Angst um sie.

Auch da kamen heilsame Impulse von Nala, denn Ruth wurde sich bewusst, dass sie bei der Sterbebegleitung ihrer Mutter ca. zehn Jahre vorher etwas Traumatisches erlebt hatte. Die Situation mit Nala erinnerte sie sehr an dieses Ereignis. Ruth holte sich Hilfe bei einer befreundeten Therapeutin, um dieses Trauma aufzulösen, was ihr auch gelang. Ein weiteres Geschenk von Nala …

Es blieb dennoch eine große Herausforderung für Ruth, Nala so zu begleiten, wie diese es wollte, zu akzeptieren, dass sie noch nicht einmal etwas Wasser zu sich nahm.

Ruth schrieb mir, dass sie Sorge hatte, dass Nala Schmerzen haben könnte, vielleicht auch etwas falsch zu machen oder der Grund dafür zu sein, dass Nala nicht loslassen konnte. Sie schilderte, dass ihre Katze, deren Fell nach wie vor glänzte, die ganze Zeit meist ruhig in ihrem Körbchen lag und zufrieden wirkte. Nur manchmal würde sich Nala umdrehen oder ihr Köpfchen bewegen, sei nur selten etwas unruhig. Sie habe ihre Augen meist geschlossen, und Ruth hatte meist den Eindruck, Nala würde ganz tief schlafen.

Einmal in diesen Tagen hatte Nala kurz ein Miau von sich gegeben, danach etwa drei Mal am Tag.

Nala stand auch nicht mehr auf, um aufs Katzenklo zu gehen, und erleichterte sich auch nicht in ihrem Körbchen. Das war sehr ungewöhnlich und wundersam für uns alle. Dennoch machte Ruth Nalas Lager ab und zu frisch. Dafür hob sie Nala ganz vorsichtig und sanft aus ihrem Körbchen, wechselte die Tücher und legte sie wieder hinein, sehr darauf bedacht, sie nicht in ihrem Prozess zu stören.

Ruth kam auch nicht in den Sinn, Nala zu wiegen, obwohl sie nach etwa zwei Wochen ohne Nahrung und Wasser zwar aussah, als hätte sie etwas abgenommen, doch sie war nicht mager.

Als Ruth mich bat, noch einmal mit ihrer Katze Kontakt aufzunehmen, vermittelte sie mir Folgendes:

„Ich möchte jetzt nichts mehr aufnehmen – und kann euch nichts mehr abnehmen (was ja auch eine Form von Aufnehmen ist).

Jetzt kümmere ich mich ganz um mich selbst. Meine Physis wird verlichtstoffwechselt. Ich genieße das.

Wenn du kannst, liebe Ruth, betrachte meinen Prozess als Lichtkörperprozess und vertraue DEM LEBEN, dass es weiß, wann es aus mir endgültig weichen wird und mich, Nala-Seele, mitnimmt – oder noch bleibt. Es ist ein höchst heiliger Prozess. Dabei gibt es nichts Falsches, kein zu schnell oder zu langsam. Wisse, dass viele Wesen von meinem Prozess profitieren, nicht nur ich und du und dein Mann.

Vermeide möglichst Ungeduld, mit dir und mit mir. Verwandle Ungeduld und Beunruhigung bei dir in Vertrauen in die Weisheit des Schöpfers und Vertrauen in die Weisheit meiner Nala-Seele.

Die Arbeit mit deiner Therapeutin (Nala meinte die therapeutische Arbeit an Ruths Trauma, entstanden beim Tod ihrer Mutter) hat auch sehr dazu beigetragen, dass bei mir jetzt diese Leichtigkeit einziehen kann. DANKE.

Reduziere das Abspielen der CD auf einmal, max. zweimal am Tag. Denn diese Klänge erzählen eine Geschichte und lösen einen Prozess in mir aus, der sich nach dem Ausklingen in mir weiterentwickelt. Zu häufiges Hören stört diese Weiterentwicklung. Weniger ist also mehr. Ich war und bin dennoch sehr getragen von den Klängen, sie unterstützen den Lichtstoffwechsel in mir. Danke für deinen Segen für mich und dich und alles, was gerade geschieht. Segne, segne, segne. Und ich segne dich und Peter, in alle Ewigkeit. Eure Nala, Gottes Nala.“

Ruth antwortete, nachdem sie Nalas Botschaften vernommen hatte:

„Vielen herzlichen Dank, dass du noch mal mit Nala gesprochen hast. Ich bin zutiefst berührt! Ich weiß nicht, was da noch geschieht und auf mich zukommt. Ich werde jedoch ganz sicher die Geduld aufbringen und für Nala die CD nicht mehr so häufig laufen lassen. Ich werde einfach staunend da sein für meine Nala. Ich empfinde ganz tiefe Dankbarkeit. Staune, dass mir so etwas widerfahren darf! Liebe Rose, nun kann ich sicher damit umgehen. Ich danke dir."

Ruth hatte die CD *Heilsame Klänge für Tiere – Vollenden, Loslassen, Neubeginn* mehrmals am Tag für Nala laufen lassen, leise gestellt. Dank Nala wurde ich auf diese Feinheit z. B. im Unterschied zur CD I[10] mit Mutterton- und Rudeltonkomposition aufmerksam. Diese CD kann wirklich nonstop abgespielt werden. Dass hingegen die Komposition auf CD II, die ja auch ganz anders aufgebaut ist, eine Geschichte erzählt, wie ich heute sagen kann, einen heilsamen Prozess bei der Vollendung eines Tieres initiiert und dieser Raum und Zeit braucht zur Entfaltung, dass es also vollkommen ausreicht, diese Komposition einmal am Tag, maximal zweimal am Tag zu hören, das habe ich durch Nala erfahren. Und andere Tiere haben mir dies in der Folgezeit auch bestätigt.

Ruth setzte sich in dieser Zeit häufig zu Nala und meditierte, manchmal auch mit einer Freundin, die die Besonderheit dieser Situation erkannte und die Ruth nicht drängte, das Tier doch endlich zu erlösen. Und in dieser Schwingung der Übereinstimmung mit dem, was ist, konnte Nala ihren Lichtkörperprozess[11] ungestört vollenden.

Am vorletzten Tag zeigte sich bei Nala noch einmal eine auffällige Unruhe, sie drehte sich viel im Körbchen hin und her, doch atmete dazwischen wieder ganz ruhig.

An diesem Abend beobachtete Ruth eine Katze, die von draußen über ein fast bodentiefes Fenster zur Terrasse hereinschaute und das Geschehen lange und ganz ruhig beobachte. Nalas Körbchen stand ganz nahe an diesem Fenster. Wenig später sollte ich

---

[10] Fröhling/Majrich, *Heilsame Klänge für Tiere I*, Reichel Verlag

[11] In entsprechender Literatur über Lichtkörperprozesse für Menschen wird von 21 Tagen Dauer für diese Umstellung von fester auf energetische, also Lichtnahrung gesprochen. Anmerkung: Es ist mir nicht bekannt, ob es Menschen gab, die diesen Prozess in ihrer Lebensvollendung vollzogen, sondern nur, dass diese Menschen sehr gut und lange Zeit, manche sogar jahrzehntelang, ohne feste Nahrung, also mit Lichtnahrung lebten bzw. leben. Anmerkung der Autorin

von Nala noch erfahren, dass diese Katze als Zeugin gekommen war, um das Geschehen, das Lichtwunder, das mit Nala geschah, in der Tierwelt und der geistigen Welt zu verbreiten.

Eine Freundin brachte an diesem Abend ein gesegnetes Öl sowie gesegnete Räucherstäbchen mit, um Ruth und Nala zu begleiten. Es war nicht ausgesprochen, doch die beiden Frauen schienen zu spüren, dass Nala nun bald gehen würde. Um 23 Uhr legte sich Ruth zu Bett. Ca. 3 Stunden später wachten sie und ihr Mann auf und hörten Nala, die zweimal einen besonderen Laut von sich gab: Es waren ihre „Abschiedsworte" – 21 Tage nach dem Schlaganfall und ihrer Ernährungsumstellung von fester auf Lichtnahrung.

Als ich am Morgen Ruths Nachricht von Nalas Vollendung las, verstand ich meine eigene vergangene Nacht. Ich wachte einmal sehr früh am Morgen auf, empfand einen merkwürdigen Zustand, der mich an mein Gefühl nach einer Kommunikation mit Nala zu Beginn ihres Lichtkörperprozesses erinnerte. Sie ließ mich damals spüren, dass ich in der Lage sei, mich mit meinem Bewusstsein sehr weit in die nicht sichtbare Welt auszudehnen, ohne dabei meine Erdung zu verlieren. Damals beunruhigte mich das Erleben ziemlich, bis Nala mich darauf hinwies, dass es nichts zum Fürchten sei, sondern eine Gabe, mit der ich vielen Wesen und auch mir selbst helfen könne.

Es war Nala, die den Kontakt mit mir an diesem Morgen aufnahm, und es folgte ein zum Teil sehr persönliches Gespräch. Ich möchte es größtenteils an dieser Stelle wiedergeben, denn es zeigt wieder einmal mehr die Weisheit unserer tierlichen Begleiter und ihre Fähigkeit, uns auf vielfältige Weise zu helfen, wie sie uns dienen, wie sie uns bei unserer Heilung unterstützen oder uns auf den richtigen Weg (zurück-)bringen.

Nalas Seele wartete kurz, bis ich bereit war und Schreibzeug zur Verfügung hatte. Dann sagte sie:

Ich habe den Lichtkörperprozess vollendet.

Rose: Hat es auch eine Bedeutung für Ruth und Peter ... und andere Menschen?

Nala: *Ich sagte schon, dass viele Menschen etwas davon haben.*

Rose: *Kannst du das etwas genauer sagen?*

Nala: *Mein Geschenk ist unüberschaubar. Ein Aspekt von vielen Aspekten ist, dass es vergleichbar mit einer Taschenlampe ist für jemanden, der bisher im Dunkeln tappte oder bestimmte Themen oder Bereiche nicht sehen oder erkennen und damit auch nicht heilen konnte. Wie er/sie diese Taschenlampe einsetzt, bleibt ihm/ihr überlassen. Auf alle Fälle leuchtet sie, belichtet sie.*

Rose: *Es hat also jeder in deinem Umfeld etwas von deinem Licht abbekommen?*

Nala: *Ja, so ist es. Egal, ob er/sie es spürt oder nicht. Es genügt, an mich zu denken, um dieses Lichtwerkzeug einsetzen zu können. Später braucht es den Gedanken an mich nicht mehr. – Ich segne alle, die dieses Licht annehmen und nutzen. Ich segne nochmals Ruth und Peter. Dank ihnen war dies alles möglich.*

Rose: *Magst du mir sagen, ob das mit dem Lichtwerkzeug für mich ebenfalls zutrifft oder ob dieses besondere Erleben nach meinem letzten Kontakt mit dir und heute Nacht noch eine andere Bewandtnis hat?*

Nala: *Ja, und bei dir geht es v. a. darum, die Angst zu verlieren vor dem, was dein Ego bei diesen Zuständen, die du mit mir erlebt hast, befürchtet: nicht mehr zurückzukommen. Du bist zu einem gewaltigen Spagat fähig, um zwei Welten zusammenzubringen. Also lass die Angst. Ich habe dich angehoben, auf Wunsch deiner Seele. Nimm das Geschenk an, nutze es, pflege deine Erdung. Sei gesegnet.*

Rose: *Nala, ich bin voller Dankbarkeit für dein Geschenk, dankbar für deinen Segen. Und wenn mein Segen dich erfreut, nimm ihn als Verbindungsgruß zwischen den Welten.*

So wurden Ruth, ihr Mann, die Menschen in ihrem Umfeld und auch ich von Nala gesegnet, belichtet und angehoben. Es war kaum fassbar. Wir alle waren voller Dankbarkeit für dieses Lichtwesen Nala, ihr Wirken und ihre Geschenke.

Die Krönung

Die Erlebnisse von Elisabeth und Georg mit ihren Tiergefährtinnen Mabel und Claire, zwei Hündinnen, sowie der Stute C'est Cilia wären ebenfalls im wahrsten Sinne des Wortes „Wunder voller" Stoff für ein ganzes Buch. Es tut mir beinahe physisch weh, nur einen kleinen Teil aus dieser Erlebnis- und Erfahrungsfülle, an der ich so oft durch Tiergespräche teilhaben durfte, hier wiedergeben zu können. Von dem „praktischen Wunder" erzählte ich bereits in *Kapitel III* (*Begleitung mit heilsamen Klängen* – Mabel …).

Mabel

Mit dem Wunder um Mabels Vollendung möchte ich hier fortfahren. Für Elisabeth und ihren Mann Georg begann dieses fast ein Jahr zuvor. Elisabeth bat Mabel über eine telepathische Kommunikation mit mir um Bestätigung ihres unerwarteten Impulses, einen Welpen zu sich zu holen. Elisabeth:

„Mit dem Gedanken, eine junge Hündin in unser bestehendes Rudel aufzunehmen, ging zugleich das schmerzhafte Gefühl von nahendem Abschied und Verlust von Mabel einher. Aber ich hatte im Innern einen Namen und einen Ruf gehört: Claire!"

Und Mabel antwortete: „KLAR!“ Ihre weitere Botschaft nahm das Thema der mit dem Namen verbundenen Klarheit und das des Wandels auf. Auch deutete sie da schon ohne Anzeichen von Erkrankung den Zeitpunkt ihres irdischen Abschieds an: Wenn Claire erwachsen geworden sein werde, wolle Mabel sich zurückziehen und sich ganz um ihre Vollendung kümmern.

Zudem sandte sie das symbolhafte Bild eines Kristalls: *„... das Licht brechend, bündelnd, es in allen Facetten wieder auswerfend, alle Möglichkeiten in sich bergend und aufzeigend. Und doch ruhend, unveränderlich und: klar!“*

Es war Mabels großes Geschenk an Elisabeth, denn es rührte an ein tief in ihr verwurzeltes Bild aus dem Yoga. Der Kristall und seine Klarheit, Synonym der eigentlichen menschlichen Wesensnatur. Und Mabel erinnerte daran:

„Jede Regung, jeder Wirrwarr, jede Sentimentalität in Gedanken und Gefühlen wird, durch diesen Kristall geschickt, Ordnung schaffen, annehmen und erkennen lassen, scheinbar Gegensätzliches vereinen ... Ihr Menschen seht den Schleier, erlebt die Trennung. Ich nicht, wir Tiere nicht. Wir sind schon im irdischen Körper hier und dort und wissen es.“

Anfang Mai wurde Claire läufig, erwachsen. Sechs Wochen später entschied Mabel ihre Geburt zur anderen Seite.

Mabels Tumorerkrankung war weit fortgeschritten, und sie zeigte deutlich, was an Behandlung und Unterstützung sie wollte und was nicht. Die Frage nach dem richtigen Zeitpunkt für die Euthanasie stand im Raum. Im Mai danach gefragt gab uns Mabel eine Antwort, die in ihrer ganzen Tiefe nur von Elisabeth verstanden werden konnte:

„Tumore gehen auf – Türen gehen auf – Trennung löst sich auf.
Innen fließt nach außen – Es wird und ist eins.
Heilige, heilsame Bewegung. Festhalten wird Fließen.
Großes geschieht im Kleinsten.
Lasst es geschehen. Noch geschieht Wachstum und Reifung.
Die Krönung steht noch aus.“

Diese fand am 7. Juni statt. In der Nacht vom 6. auf den 7. Juni empfingen zwei begleitende Therapeutinnen sowie Elisabeth selbst und ich – völlig unabhängig voneinander – Mabels Ruf, dass jetzt der richtige Zeitpunkt gekommen sei. Und sie ließ all die Menschen, die ihr nahe waren, und auch mich, die sie begleiten durfte, am Wunder ihrer Krönung teilhaben.

Mit meinem Herzen verbunden mit dem Geschehen um Mabel und ihrer irdischen Familie, geistig präsent im Raum mit Elisabeth, ihrem Mann Georg, Claire, der Tierärztin und allen, die an anderen Orten teilnahmen, saß ich, Rose, am 7. Juni ab 13:45 Uhr absichtslos begleitend in Dankbarkeit, still, lauschend. Nach wenigen Minuten empfing ich diesen Text:

Mabel hat einen Tempel errichtet
mit Säulen und Bögen aus fließendem Licht.
Selbst der Boden trägt fließend schimmernd in allen sicht- und
unsichtbaren Farben alle, die sich auf ihm befinden.
Dieses Tempels Licht ist Farbe, Klang, Halt und Ewigkeit,
eine heilige Halle, die Regiepulse nach allen Seiten
und Dimensionen wie Tropfen regnet.
Wir Irdischen stehen mittendrin – und sehen ihn nicht,
fühlen jedoch das unbeschreiblich Lichtvolle, Gnadenvolle
dieser Stunde mehr als zuvor.

Mabels irdische Vollendung ist die irdische Krönung.
Hier, in diesem Tempel, empfängt sie ihre kosmische Krönung.
Alles und alle stehen bereit, hier und bei euch.
Eine Explosion aus Licht, gewaltig und sanft;
ein Feuerwerk, zärtlich, duftend und klingend, umarmend,
freigebend, auf den Punkt bringend, ins Unendliche sich weitend.
So wird Mabel empfangen: Jubel, Leuchten, Frieden.
Der Lichttempel bleibt – und ist mitnehmbar im Herzen.
Ein Gedanke – und er ist da, wirksam,
mit der Strahlkraft von Mabels Seele.

Um 14:09 Uhr war es geschrieben. Ein intensiver Atemzug ließ meinen Kopf heben – und ich spürte: JETZT.

Nachtrag kurz vor Fertigstellung dieses Buches: Wenige Tage nachdem ich die Aschen von Lucina und Purzel der Erde übergeben hatte (s. *Kapitel XII – Ein weiterer Bewusstseinsschritt*), erhielt ich einen Anruf von Elisabeth. Sie wünschte sich telepathische Gespräche mit ihren Tieren Claire, C'est Cilia und dem älteren Rüden Alan, der erst seit einem Jahr bei ihnen war. Und ich erzählte ihr von dem Seelenkontakt mit Purzel und Lucina sowie von der Leichtigkeit, die mir geschenkt wurde, nachdem ich ihre Aschen beerdigt hatte. Sie berichtete daraufhin, dass sie und ihr Mann Georg es nur wenige Tage ausgehalten hatten, Mabels Asche in einem Kästchen zu Hause zu haben. Also waren sie zu ihrem geliebten Vierwaldstättersee in der Schweiz gefahren, wo sie gemeinsam viel wundervolle und innige Zeit miteinander verbracht hatten.

„Georg steckte den Beutel mit Mabels Asche in seine Badehose, dann schwammen wir zusammen mit Claire ein Stück hinaus und übergaben Mabels Asche dem See. Sie sank sofort! Kein Schleier, kein Treiben an der Oberfläche. Aufgenommen!“

Diese Erfahrung und das, was Lucina und Purzel mich wissen ließen, passen so gut zusammen, dass ich sie unbedingt mit Ihnen, liebe Leserinnen und Leser, teilen möchte.

„... Erst wenn die praktischen Belange vollendet sind, lichtet sich der irdische Anker, und alle Facetten eines Wesens und Lebens lassen sich in die Einheit des Strahls einladen ... die Antwort unserer Leben auf das LEBEN, in dem wir EINS sind. Und das Leben antwortet mit all seinen Farben und Formen, in allem ... Es gibt viele andere Worte, Bilder und Ansichten dafür. Das Beschriebene ist mein Bild und das möchte ich euch schenken.“

Diese Worte, neben einer Fülle von weiteren Aussagen voller Weisheit und Liebe schenkte Mabel ihren Menschen bereits ein Jahr vor ihrer Vollendung und auch in den Gesprächen davor. In einem Tempel aus fließendem Licht, Liebe, Leuchten, Frieden … wurde Mabel schließlich bei ihrer Vollendung gekrönt.

Kapitel VIII
Tiere erkennen übergeordnete Zusammenhänge

Was haben Sterbefälle bei Epidemien oder einer Pandemie mit dem Aufstieg der Menschheit zu tun?

Im März 2020, kurz bevor das Tragen von Mundschutzmasken Pflicht, Seminare und viele andere größere Veranstaltungen untersagt wurden und es noch etliche weitere Einschränkungen im alltäglichen Leben gab, konnte ich noch ein geplantes Tierkommunikations-Einführungsseminar geben. Das Thema Corona ließ sich natürlich nicht vermeiden, auch wenn ich versuchte, Gespräche darüber in Grenzen zu halten. Doch als die Teilnehmerinnen wissen wollten, was die Tiere dazu sagen, auch was sie davon hielten, was als Aufstieg der Menschheit bezeichnet wird, hatte ich die Idee, einen Rüden zu fragen, der schon häufig auf übergeordnete Fragen sehr verblüffende und stimmige Antworten gab.

Nemo

Nemo, ein von mir sehr geliebter Hundefreund aus Lanzarote, ist über Fotos bei jedem Kurs präsent, weil er es liebt, für Übungsfragen zur Verfügung zu stehen. Er war sofort bereit zu antworten. Ich zitiere seine Sichtweise in diesem Buch, da es bei Corona ja nicht nur um einen Virus geht, sondern auch um die Auseinandersetzung mit Sterben und Tod.

Nemo: Hier ist der Name in einer erweiterten Sichtweise ein Omen. Viele Menschen erleben die Krönung ihres Lebens mit dem Tod, so war es lange Zeit auch gedacht, denn der Tod ist ja kein

Ende oder Rückschritt, sondern eine Art bestandene Reifeprüfung zu einem Schritt in eine andere Dimension.

Mit dieser Sache jetzt habt ihr die Möglichkeit der Krönung, ohne sterben zu müssen und dennoch einen ersten Schritt in die 5. Dimension zu machen. Ihr solltet also weder Angst vor Ansteckung haben noch davor, dass ihr andere anstecken könntet. Jeder Mensch ergreift diese Chance auf seine Weise. Nutzt sie! Sie, die Chance, die Situation, gehört zum allgemeinen Aufstieg en gros, nicht nur in persona.

Rose: Verstehe ich es richtig, dass das Ganze drumherum – es wird ja viel über den Virus und seine Auswirkungen geschrieben, auch die Anzahl der Toten, und das weißt du, also alles auch über die lichtvollen und die dunklen Mächte, die div. Theorien, so dass ich das jetzt nicht alles aufzählen muss – letztendlich zu diesem Aufstieg gehört?? Und verstehe ich es auch richtig, dass die Krönung so oder so stattfindet, bei jedem Menschen?

Nemo: Krönung insofern, dass jeder Mensch wie bisher auch seinen nächsten und bestmöglichen Schritt im Wachstumsprozess machen kann, in oder außerhalb seines Körpers. Das Besondere jetzt daran ist, dass es um einen großen Schritt, den größten bislang geht, den in die 5. Dimension. Ich sehe es so, dass die, die jetzt sterben, sich sowieso verabschiedet hätten, um von der anderen Seite aus am Aufstieg mitzuwirken.

Ich weiß, dass es schon sehr viele Worte zu diesem Thema gibt. Doch die ganze umfassende Wahrheit kann nicht in Worten ausgedrückt werden. Selbst ich, der ich viele Ausdrucksmöglichkeiten habe, wenn ein Mensch mir zuhört, kann und will es heute dabei belassen. Worte und Begriffe können den Zugang zu einer höheren Sicht auch versperren, denn sie sind Lieblingsspielzeug des Verstandes.

Nemo erinnerte mich zudem an eine Aussage von Yellow Medicine Dancing Boy, einem weißen Büffel, geb. 2012 in den USA. Für die indianischen Nachkommen hatte seine Geburt eine große

Bedeutung, und die Nachricht darüber wurde auch in Europa verbreitet[12]. So erfuhren wir davon, und es wurde sogar ein Foto dieses Büffelkalbs veröffentlicht. Claudia Becker hatte für ihren ersten Dokumentarfilm „Code 2012 – Tiere sprechen über den Zeitenwandel“ mich und drei weitere Kolleginnen gebeten, eigene sowie auch andere Tiere zu fragen, wie sie den Zeitenwandel und die aktuelle Zeitqualität erlebten, welche Prozesse wir Menschen aus ihrer Sicht durchlaufen würden und welchen Rat sie für uns hätten. Hier folgt der entsprechende Auszug aus den Antworten des Büffelkalbs vom 06.12.2012:

„... Ihr könnt wählen, so bewusst wie möglich, diese Zeit zu erleben, und das ist ein enormes Geschenk der Gnade, der Liebe, oder eher zu beobachten. Die erste Möglichkeit ist intensiv an Gefühlen und Empfindungen, irdische Sicherheiten fallen weg, Ängste steigen hoch, beherrschend stark. Die zweite Möglichkeit, die des Beobachtens, zieht euch aus den vielen Risiken des Er-Lebens raus, macht es scheinbar bequemer, doch ihr lernt daraus für den nächsten Zeitenwandel. Und diesem werdet ihr euch ganz gewiss stellen ... Ihr werdet es sogar kaum erwarten können, ihn endlich mit-zu-erleben!

... Es braucht eure Flexibilität, euer Ur-Vertrauen in den Bund Gottes mit euch wie nie zuvor. Danach seid ihr jemand anderes. Ein sehr schwacher Vergleich ist das Gefühl nach einem Feuerlauf, nach einer Rettung, nach einem Unfall, den ihr wie durch ein Wunder überlebt habt. Ihr beginnt eine neue Inkarnation in der bisherigen. Ihr werdet Seelenanteile zu euch (zurück-)holen, wie es bisher nie möglich war. Das Neue geschieht nicht nach Vernichtung, es geschieht aus der Fülle des Lebendigen, des Lebens. Es geschieht für alle und alles auf und mit der Erde.

---

[12] www.spiegel.de/panorama/weisser-bison-in-connecticut-geboren-a-846997.html

Die Intensität dieser Geburt hängt davon ab, wie viele Menschen bewusst dabei sein werden. Je mehr, desto leichter, je weniger, desto reibungsvoller.

Diese Zeitenwandel gab es schon oft, doch sie gingen mit Vernichtung des Bisherigen einher ...“

„Die Seelen kommen wieder in einem lichteren Körper“

Wenige Wochen nach dem Seminar, bei dem ich diese Information von Nemo erhalten hatte, erhielt ich den Auftrag, mit der Seele von Blacky in Kontakt zu treten. Dieser erst 4-jährige Hund wurde von einem Auto überfahren und starb bei diesem Unfall. Es war Jutta, eine Freundin der Familie, zu der Blacky gehörte, die die Ursache für seinen frühen Tod erfahren und verstehen wollte. Jutta war häufig mit Blacky spazieren gegangen, und er hatte ihr sehr viel bedeutet.

Blacky ging zu meinem Erstaunen ebenfalls auf das Thema Corona ein, obwohl die Fragen nicht darauf ausgerichtet waren, und seine Worte sprechen für sich:

„Ich habe die Freude, ja die Ekstase, einen Körper zu haben, in vollen Zügen genossen, trotz der vielen Einschränkungen, die es im Hundeleben so gibt. Nun genieße ich die große Freiheit, die Begrenzungslosigkeit, die großen Einblicke in das Geschehen auf der Erde und anderswo.

Für das Geschehen auf der Erde braucht es seit einiger Zeit sehr viele Seelen, die sich bereiterklären, die Energien auszugleichen, indem sie ihre Körper verlassen, in welchen sie nicht auf diese Weise für die Wandlung hätten beitragen können. Die Seelen kommen wieder in einem lichteren Körper, ob als Mensch oder als Tier. Allein diese neuen lichteren Körper verändern viel.

Alle Seelen, die jetzt gehen, gehen nicht wegen Corona, sie gehen aus dem genannten Grund. Sie sind gesegnet, begleitet, vorbereitet, freuen sich auf die neuen lichteren Körper, mit denen sie die dichte Konzentration von niederer Schwingung auflockern, durchlichten und den bereits inkarnierten Seelen beim Aufwachen helfen. – Auch ich wollte und will auf diese Weise mitwirken, so wie viele andere Tiere. Also gab es das, was du Unfall nennst.“

Selbst mich, die ich nun seit vielen Jahren mit Tieren kommuniziere und die erstaunlichsten Mitteilungen von ihnen erhalte, verblüfft immer wieder die Fähigkeit der Tiere, in übergeordnete Zusammenhänge blicken zu können, und die Gültigkeit dieser Mitteilungen über eine persönliche oder über eine aktuelle Situation hinaus. Die Tiefe und Weisheit der Aussagen von Yellow Medicine Dancing Boy, die ich und andere zum Zeitpunkt des Empfangens noch gar nicht richtig verstehen konnten, begreife ich erst jetzt so allmählich – u. a. auch durch die Auseinandersetzung mit der Corona-Pandemie, den damit verbundenen Einschränkungen und Ängsten, und vor allem mit der möglichen spirituellen Bedeutung.

Kapitel IX
Begleitende Unterstützung beim Älterwerden und Sterben Ihrer Tiere

Vorbeugen und Einstimmen

Die Auseinandersetzung mit dem Thema Sterben und Tod erachte ich, wie anfangs bereits erwähnt, als wichtigste Vorbereitung und Einstimmung. Es gibt viele interessante und wertvolle Bücher, in denen durchaus verschiedene Meinungen über das Sterben und den Tod vertreten werden. Es ist gut, wenn Sie, liebe Leserinnen und Leser, spüren, welche Möglichkeiten, Meinungen oder Lehren in Ihnen Resonanz finden. Aus eigener Erfahrung kann ich sagen, dass ein Grundgerüst aus Vertrauen ins Leben und an eine übergeordnete Kraft sehr hilfreich und stärkend ist, dabei authentisch zu sein und nicht einfach einen Glauben oder eine religiöse Weltanschauung nachzuahmen, die andere gut und richtig finden. Denn nur eine authentische Ausrichtung und das Handeln hieraus ist kraftvolles und sinnvolles Handeln.

Tiere helfen uns auf ihre besondere Weise dabei. Dieses Buch ist auch geschrieben, um Ihnen mit den Botschaften und Ansichten von Tieren diese Auseinandersetzung zu ermöglichen, zu erleichtern und diese großen Themen aus anderen Blickwinkeln zu betrachten, neugierig zu werden, zu staunen, dankbar sein zu können.

Vorbeugen ist – wie bei uns Menschen – eine sinnvolle und lohnende Investition! Das bedeutet, dem Körper des Tieres Unterstützung anzubieten, bevor Krankheitssymptome auftauchen. Hierfür eignen sich kleine Kuren mit Bachblüten, Schüßler-Salzen, Kräutern, Aromaölen, Homöopathie sowie andere natürliche nebenwirkungsfreie Mittel und Schwingungsmedizin. Es ist sinnvoll, sich mit diesen Mitteln rechtzeitig zu befassen und ihre allgemeine Wirkweise zu kennen. Die Bedeutung der einzelnen Blüten oder Salze beispielsweise müssen Sie jedoch nicht auswendig lernen, denn diese können Sie in den vielen guten Nachschlagewerken nachlesen.

Wenn Sie sensitive Testmethoden wie Pendeln oder Ruten beherrschen oder erlernen, sind Sie in der Lage, ganz unabhängig von der Einschätzung anderer und der Einschätzung Ihres Verstandes zu testen, welches Mittel jeweils die bessere Unterstützung für Ihr Tier sein kann und dann auch die Dosierung oder Kombination auf diese Weise abzufragen. So lassen sich auf ganz sanfte und für Ihre Tiergefährten stimmige Weise energetische Blockaden frühzeitig aufspüren und lösen, bevor sie körperliche Symptome entwickeln oder auffälliges Verhalten zeigen.

Zur Vorbeugung und Begleitung empfehle ich als Tierkommunikatorin natürlich, ihr Tier immer mal wieder zu fragen, wie es ihm geht, ob es etwas benötigt oder sich wünscht oder ob es etwas sehr Störendes gibt. Auch die inneren Reisen sowie die mentalen Heilmethoden möchte ich Ihnen nahebringen. Sie finden in *Kapitel X* mehrere Anleitungen dafür, also geführte Meditationen, angeleitete innere Reisen, bei denen Sie den geistigen Begleiter bzw. das Helferwesen Ihres Tieres kennenlernen und/oder sich mit dem Seelenplan Ihres Tieres verbinden können, damit Sie in Situationen, in denen Sie Rat brauchen, innerliche Ansprechpartner haben und diese um Rat bitten können.

Wenn Ihnen das sensitive Testen nicht liegt, können Sie auch die geistigen Helfer fragen, ob eines der Ihnen zur Verfügung stehenden Mittel gut für Ihr Tier sein könnte oder ob es noch etwas anderes braucht. Die inneren Reisen können Sie natürlich auch für sich persönlich nutzen.

In diesem Kapitel stelle ich also eine Auswahl erprobter und als wertvoll erachteter Methoden, Mittel, Anwendungen und mentaler Techniken vor, mit denen Sie vorbeugen, Ihr Tier unterstützen und heilsam begleiten können. Alles in dieser Auswahl eignet sich für ein tägliches Wohlfühlprogramm, zur Vorbeugung für Sie persönlich und Ihr Tier (alle Tierarten) genauso wie in Notfällen oder bei der Begleitung von kranken und sterbenden Tieren.

Betonen möchte ich, dass es Anregungen von mir sind und keine individuellen Therapieempfehlungen, weder für Ihr Tier noch für Sie. Daher informieren Sie sich bitte eigenverantwortlich mittels Fachliteratur oder bei den Herstellern über Einzelheiten wie Wirkstoffe, Anwendungsempfehlungen, Einsatzbereiche etc.

Bitte vermeiden Sie ein leichtfertiges Experimentieren mit diesen Vorschlägen, vor allem dann, wenn Ihr Tier sehr krank ist, und ziehen Sie ggf. jemanden zurate, der sich mit einer von Ihnen bevorzugten Methode oder mit entsprechenden Mitteln auskennt. Seien Sie wach für Situationen, in denen es Hilfe von einer/m Tierärztin/arzt oder eines/r Tierheilpraktikers/in braucht. Ich wünsche Ihnen für diesen Fall jemanden, die/der auch offen ist für alternative ganzheitliche Gedanken und Therapieformen und der/die Sie bei Ihrem Bemühen, Ihr Tier so nebenwirkungsfrei und natürlich wie möglich zu begleiten, unterstützt.

Im Anhang finden Sie ein Literaturverzeichnis, Bezugsquellen und weitere hilfreiche Adressen. Mich dürfen Sie natürlich auch kontaktieren. Denn ich kann einiges an Erfahrungen hinzufügen, auch biete ich Seminare zum Erlernen der einen oder anderen vorgestellten Methode, Meditationsanleitung sowie Mitteltests an.

Vollendungswege und die 6 Sterbephasen

In diesem Kapitel verwende ich die Begriffe Vollenden, Vollendungsweg und Sterben unterscheidend, obwohl die Tiere so gut wie nie von Sterben sprechen, sondern eben von Vollenden oder Geburt in die andere Welt. Da ich jedoch die sogenannten 6 Sterbephasen erwähnen möchte, ist diese begriffliche Unterscheidung dienlich.

So wie es verschiedene Stufen oder Phasen in einer Schwangerschaft und bei der Geburt gibt, gibt es verschiedene Phasen im Sterbeprozess. Bekannt, auch in der westlichen Welt, wurde das Wissen um diese Sterbephasen durch das sogenannte Tibetische Totenbuch. Durch die u. a. darin beschriebenen 6 Phasen, basierend auf dem Weisheitswissen der uralten ganzheitlichen asiatischen Heilkunde, die auch die Elementelehre beinhaltet, bekommen wir einen viel umfassenderen und tieferen Einblick in den Sterbeprozess. Das Befassen mit diesen Phasen ermöglicht ein besseres Verständnis dafür, was mit Körper und Seele eines Menschen oder Tieres beim Sterben geschieht und wie eine sinnvolle Begleitung aussehen kann.

Zuerst zum Begriff Vollenden: Vollenden beginnt – so sehen es die Tiere – bereits mit der Geburt, auf die die bekannten Wachstums- und Reifungsprozesse in den verschiedenen Lebensabschnitten folgen. Und alles strebt auf die Krönung, die Vollendung hin.

Wenn die Seele eines Tieres gewählt hat, die Erfahrung des Älterwerdens und Altseins zu machen, und sie sich dann in einem altgewordenen Tierkörper auf die Krönung des Lebens (das Sterben) vorbereitet oder einstimmt, gibt es einen Zeitpunkt, an dem sie alle ihre irdischen Anteile und Erfahrungen betrachtet – wie eine Bestandsaufnahme. Was kann schon losgelassen und was will noch zu Ende geführt werden? Ein Tier macht in dieser Zeit meist einen abgeklärten und entspannten Eindruck, es ist viel ruhiger geworden, einige „Unarten" (bzw. was wir Menschen als solche bezeichnen …) werden abgelegt, manche Tiere werden erst jetzt zu Schmusern. Häufig zeigen sich erste deutliche körperliche Alterszeichen, Verschleißerscheinungen, Organschwächen oder Krankheitssymptome. Diese Zeit nach der „Bestandsaufnahme" bezeichne ich im Folgetext als Vollendungsweg.

Die Symptome können Hinweise für den beobachtenden und begleitenden Menschen auf Themen sein, die jetzt noch besondere Zuwendung brauchen. Diese Themen sind meist (auch) noch ungelöste menschliche Themen bzw. Themen des Umfeldes, in dem Tier und Mensch leben, auch emotionale oder mentale Blockaden oder ungelöste Traumata. Das Tier ist dankbar für entsprechende Unterstützung (hierzu finden Sie Anregungen im Verlauf dieses Kapitels).

Ein Vollendungsweg kann Monate dauern und den menschlichen Begleitern die Möglichkeit geben, sich gründlich vorzubereiten und sich mit dem Gedanken an das Sterben des Tieres langsam vertraut zu machen.

Ein Vollendungsweg mit einer scheinbar unheilbaren oder tödlichen Krankheit kann manchmal heilsam beeinflusst werden, wenn das Krankheitssymptom von den menschlichen Gefährten „richtig" gedeutet wird (Beispiel Hündin Milla, in diesem Kapitel unter *Telepathische Tierkommunikation*). Auch wenn das Tier die mehrfach erwähnte Schwingungsmedizin oder andere Unterstützung annimmt, damit es eine Aufgabe noch zu Ende bringen kann, obwohl der Körper „eigentlich" seinen Dienst schon aufgegeben hatte, ist unerwartete zusätzliche Lebenszeit möglich (siehe Fox und Abayomi in *Kapitel IV*).

Ein Vollendungsweg kann ebenfalls schon längere Zeit gegangen worden sein, wenn die Krönung bei einem plötzlich eintretenden Tod durch Unfall oder Organversagen (ohne vorherige Symptome) stattfindet, obwohl das Tier noch jung oder „im besten Alter" war. Ich hatte Kontakt mit Tierseelen, die diesen Weg wählten, weil sie weder ständig zu Tierärzten gebracht werden noch Medizin schlucken wollten. Sie wollten auch nicht immer „Ach du armes Tier" hören und auch kein Pflegefall sein. Andere Gründe erfuhr ich von Blacky und Nemo (siehe *Kapitel VIII*).

Der oben erwähnte Zeitpunkt der Bestandsaufnahme scheint mir der Zeitpunkt zu sein, an dem eine Tierseele auch den etwaigen Zeitpunkt des Sterbens wählt. All dies geschieht in Abstimmung mit den Seelen jener Menschen, die das Tier begleiten, auch wenn dies den Menschen meist nicht bewusst ist.

Die Entscheidung zu sterben ist die Entscheidung, sich vom irdischen Leben, sich aus dem irdischen Körper zurückzuziehen. Dieser Rückzug ist – vergleichbar mit der Entstehung von Leben, sichtbar gemacht durch Ultraschall – durch äußere Anzeichen und durch aufmerksame Beobachtung durchaus wahrzunehmen und die Phasen zu unterscheiden. Im Tibetischen Totenbuch werden diese Phasen als schrittweise Auflösung eines Elements in das andere beschrieben. Alle Lebensphasen, Lebensfunktionen, Organe etc. stehen bei dieser ganzheitlichen Betrachtungsweise in Bezug zu den fünf Elementen des Lebens: Erde, Feuer, Wasser, Metall und Luft. In den 6 Sterbephasen finde ich das Metallelement nicht mehr vor, stattdessen wird vom Element Äther gesprochen. Eine ausführliche Erläuterung würde den Rahmen dieses Buches sprengen. Sich einmal mit der Traditionellen Chinesischen oder der Tibetischen Medizin zu befassen kann sehr lohnenswert und bewusstseinserweiternd sein, da hier Zusammenhänge aufgezeigt werden, welche die Schulmedizin nicht berücksichtigt oder nicht berücksichtigen will. Mir persönlich und meiner Gesundheit hat vor vielen Jahren auch das Befassen mit der Ernährung nach den 5 Elementen sehr geholfen, dies als kleine Anmerkung.

Zurück zu den 6 Phasen, in denen die Elemente, damit also alle Organfunktionen und lebenserhaltenden Kreisläufe, sich gegenseitig auflösen. Diese zu erkennen erfordert ein geübtes Auge und viel Empathie. Auch mit Hilfe der Tierkommunikation, bei der ich einem Tier die Phasen beschreibe, lässt sich evtl. herausfinden, in welcher es sich befindet. Dies geht allerdings nicht bei einem sehr akuten Verlauf der Phasen z. B. nach einem Unfall.

1. In der ersten Phase sind die Elemente noch präsent, das Tier ist bis auf sehr tiefe und lange Schlafphasen wach und klar, nimmt Anteil am Leben, wenngleich eingeschränkt, kann sich meist noch bewegen, und wenn es nur vom Liegeplatz zum Fressnapf geht, weil dieser noch sehr wichtig ist. Möglicherweise empfindet das Tier seine Krankheit weniger „schlimm“ als der Mensch, der sehr besorgt ist, auch aufgrund sehr ungewisser Prognosen, und vermeiden will, dass sein Tier leidet.
2. Wenn „Erde sich in Wasser“ auflöst, ziehen sich die Kräfte nach innen zurück, körperliche Kraft, Körperfunktionen und somit die Lebensstabilität beginnen sich aufzulösen. Der Stoffwechsel verlangsamt sich, Stoffwechselprodukte, also Gifte, werden

nicht mehr abtransportiert, das Blut, Leber und Niere werden davon überflutet. Wenn diese Phase schon sehr weit fortgeschritten ist, verströmt der Körper einen Geruch wie Aceton. Das Tier wirkt apathisch, fast schon „wie auf der anderen Seite“. In dieser Phase Ruhe zu bewahren erfordert von den menschlichen Begleitern viel Vertrauen in die Weisheit des Lebens und die Weisheit seines Tieres.

Anstelle von Infusionen oder anderen aktivierenden Maßnahmen ist hier die telepathische Tierkommunikation überaus hilfreich. Ihr Tier fühlt sich durch eine Befragung nicht gestört, das kann ich Ihnen versichern. Es tut ihm vielmehr gut, wenn es sich auf diese Weise verständlich machen kann. Meist hat es Botschaften für seine Menschen, die meist viel mehr Trost und Klarheit bringen können, als es menschlicher Rat oder die Einschätzung von Tierärzten vermag. Auch wenn es klagende Laute von sich geben sollte, sind diese für Ihr Tier hilfreich, da sie schmerzlindernd wirken, oder es sind Rufe nach seinen geistigen Begleitern für die Geburt in die andere Welt.

3. Die dritte Phase, wenn sich „Wasser in Feuer auflöst“, stellt für viele Menschen oder Therapeuten, die ein Tier beim Sterben begleiten, die größte Herausforderung dar. Diese Phase geht mit Wellenbewegungen einher zwischen Apathie und plötzlichem Aufblühen, als würden alle restlichen Lebenskräfte noch einmal aktiviert. Nun, da die Schmerzempfindlichkeit und auch der Bewegungsdrang größer sind, kommt es leider häufig zu einem großen Missverständnis. Die Menschen haben den Eindruck, das Tier kämpfe mit dem Tod, bäume sich gegen ihn auf … geraten in Panik und meinen, das Tier erlösen zu müssen durch die Spritze, dabei ist es noch gar nicht fertig!

   In dieser dritten Phase wird auf seelischer Ebene noch einmal geklärt, ob es wirklich Zeit zum Sterben ist oder noch eine Aufgabe erledigt werden möchte. Diese Phase kann Minuten oder Stunden dauern, sie kann jedoch auch Wochen, Monate oder ein ganzes Jahr weiterer Lebenszeit bedeuten, wie es bei Abayomi und Fox der Fall war.

4. Und dann beruhigen sich die Wellen, es folgt die 4. Phase, die Ruhe nach dem Sturm, wenn sich das „Feuer in Luft auflöst“. Die Tierseele hat eindeutig entschieden zu sterben. Die Körperfunktionen werden noch schwächer, und die Seele strebt in die körperlose Dimension hinein. Nur das Luftelement ist noch durch Seufzen, also ein betontes Ausatmen, oder Hechelatem (auch Schnappatmung genannt) wahrnehmbar, mehr jedoch noch als vibrierende Energie des elektromagnetischen Feldes des Tieres. Wir dürfen darauf vertrauen, dass das Tier seinen Weg findet, dass die Weisheit der Natur die Seele vom irdischen ins jenseitige Leben führt. Wir Menschen sollten uns jetzt nicht mehr einmischen, uns zurückhalten mit unserem Bedürfnis der Fürsorge. Dies hat mich im Besonderen meine Katze Maja gelehrt (siehe *Kapitel III*).

   Wenn ich ein Tier in diesem Stadium der Sterbebegleitung befragen durfte, wünschte es auch keine Einmischung mehr durch Medikamente, wenn es solche vorher bekam. In ganz seltenen Fällen duldete es noch ein Schmerzmittel.

   Das Gefühl von Hilflosigkeit kann mächtig schmerzen – und es ist der Beginn der Trauer.

5. Wenn sich „die Luft in Äther auflöst“, wird der Atem immer flacher und kommt schließlich zusammen mit dem Herz zum Stillstand. Die Ablösung des Energiekörpers oder der Seele vom physischen Körper wird vollzogen, wenn auch nicht unbedingt gleich sichtbar für den begleitenden Menschen. Dass Tierseelen manchmal selbst nicht gleich merken, dass sie körperlos geworden sind, durfte ich von meiner Katze Purzel erfahren. Doch von einem „Hängenbleiben“, wie es anscheinend bei Menschenseelen vorkommen kann, hat mir noch kein Tier erzählt. Was das jedoch nicht ausschließt …

6. In der Nachtod-Phase, wenn „der Äther in das Ganze" eingegangen ist, beginnt für den zurückbleibenden Menschen die Zeit der Trauer über den endgültigen Abschied. Doch wenn es möglich ist, das Tier über alle Phasen zu begleiten, kann in diese Trauer auch kostbarer Trost, Dankbarkeit und Leichtigkeit einfließen. Diese Zeit des Übergangs bezeichnen die Tiere als heilig, sie laden uns ein, uns vom Licht und der Liebe jenseits der Tür, die für das sterbende Wesen offensteht, im Herzen berühren zu lassen.

Viele Menschen nehmen erst in dieser Phase, oder sogar noch Jahre später, die telepathische Tierkommunikation in Anspruch, weil sie entweder nicht loslassen können, weil der Tod überraschend kam, weil sie zur Euthanasie überredet wurden und ein schlechtes Gewissen haben oder aus anderen Gründen. Bis heute hat jedes Gespräch, das ich mit der Seele eines verstorbenen Tieres führen durfte, Trost und Erleichterung für die Menschen gebracht. Auch ich werde jedes Mal in solchen Kontakten von der Liebe und dem Licht auf der anderen Seite berührt, gerade so, wie es mein Körper gut haben kann.

Eine Teilnehmerin einer meiner Sterbebegleitungskurse machte sich große Vorwürfe, nachdem ich über die 6 Sterbephasen gesprochen hatte. Denn sie hatte ihre Katze wohl genau in der Feuerphase einschläfern lassen … Da sie ein Foto ihrer Katze dabeihatte, ging ich in Kontakt mit der Katzenseele. Ihre Botschaft war sehr tröstlich. Sie sagte, dass sie ja von den Sorgen ihrer Menschenfreundin wusste, die ihr Leid ersparen wollte. Und sie fügte hinzu:

„Du kannst nicht heute schon etwas tun, was du morgen erst lernen wirst."

Wir dürfen also Verständnis für uns haben und uns verzeihen, wenn wir in der Vergangenheit etwas getan haben, was sich im

Nachhinein hätte anders handhaben lassen können. Die Tiere sind jedenfalls nicht nachtragend, das kann ich Ihnen versichern.

Praktische Empfehlungen

Die meisten der folgenden Empfehlungen eignen sich für die Begleitung Ihres Tieres auch in den 6 Sterbephasen.

Telepathische Tierkommunikation

Ein Tier zu fragen, und zwar zu gesunden Zeiten wie auch während der Sterbephasen, ist für mich natürlich stets das Allererste, was ich empfehle. So erfahren Sie, wie es Ihrem Tier gerade geht, wie seine Sicht der Dinge ist, ob es Ursachen für seine Krankheit oder für sein auffälliges Verhalten nennen kann, was es sich wünscht, was es stört. Denn wenn wir seine Sicht kennen und/oder die Ursachen für ein Krankheitssymptom erfahren, können wir optimal reagieren und therapieren. Häufig drücken Tiere mit einem Symptom den Wunsch nach Heilung von einem Trauma aus. Das erlebe ich meist bei Tieren, die mit einer ungewissen Vergangenheit über den Tierschutz zu den Menschen finden. Noch häufiger spiegeln[13] die Tiere mit ihren Symptomen auch menschliche Themen, z. B. Unsicherheiten, emotionale Blockaden, physische Schwachstellen u. v. a. m. Wenn es mitteilen kann, was es spiegelt, wenn es mit seiner Botschaft verstanden wird, kann das Tier das Symptom loslassen und entweder gesund werden … oder die freigewordene Kraft für ein friedliches Sterben nehmen.

In meinem Buch *UnGEHÖRTES* ... erzähle ich auch die Geschichte von Milla und ihrem Krebs am Mund. Nachdem sie in einem Tiergespräch mitteilen konnte, warum sie dieses Krebsgeschwür hatte, und die Menschen daraufhin eine ungute Gewohnheit ablegen konnten, durften sie miterleben, wie der Krebs innerhalb weniger Tage verschwand. Dieses Buch und auch das vorlie-

---

[13] Genneper/Kamphausen, *Wenn Tiere ihre Menschen spiegeln*, Aquamarin Verlag

gende würde es ohne die Tierkommunikation nicht geben. In beiden finden Sie Geschichten von Tieren und Menschen und ihren Herausforderungen, in denen die Tierkommunikation stets eine wesentliche Rolle spielte und dazu beitragen konnte, dass Verständnis, Lösung und Heilung auf verschiedenste Weise möglich wurde bzw. geschehen konnte. Wenn Sie also immer wieder die Tierkommunikation einsetzen, entweder selbst oder durch eine/n professionelle/n Tierkommunikator/in, wird die Begleitung eines Tieres wesentlich leichter.

Bringen Sie in diese Gespräche auch klar Ihre Möglichkeiten oder Beschränkungen ein, wenn das Geld z. B. knapp ist und Sie sich keine teure Behandlung leisten können. Fragen Sie Ihr Tier nach Alternativen.

Heilsame Klänge für Tiere – Musiktherapie für alle

Für regelmäßige Entspannungszeiten, am besten Mensch und Tier zusammen, doch auch, wenn das Tier länger allein bleiben muss, eignet sich die 1. CD *Heilsame Klänge für Tiere* mit der Rudelton- und Muttertonkomposition.[14]

Diese Klangkompositionen sind einzigartig auf der Welt, denn es waren Tiere, die die Klänge ausgewählt und die jeweiligen Klangeigenschaften benannt haben – mit Hilfe der telepathischen Tierkommunikation. Wie es dazu kam, beschreibe ich ausführlich in meinem Buch *UnGEHÖRTES ...*

Rudelton-Komposition:

Diese Klänge harmonisieren das Miteinander von Tieren. Das heißt, dass Tiere, die bisher eher zänkisch oder eher nur für sich waren, ihre Blockaden auflösen können und sich liebevoll den anderen Tieren im Rudel oder in einer Familie zuwenden können. Sie

---

[14] Fröhling/Majrich, *Heilsame Klänge für Tiere CD 1*, Reichel Verlag, 2011
Fröhling/Majrich, *Heilsame Klänge für Tiere CD II, Vollendung, Loslassen, Neubeginn*, Reichel Verlag, 2013

legen sich beispielsweise einander zugewandt hin, suchen Körperkontakt und putzen sich gegenseitig. Manchmal tritt nach wenigen Minuten einfach Entspannung ein, die jedes Tier individuell und in verschiedenen Körperhaltungen ausdrückt.

Mutterton-Komposition:

Die Muttertonklänge haben ebenfalls eine sehr entspannende Wirkung. Meine Hündin Lucina, die den Mutterton entdeckt und die Klänge für die Komposition ausgewählt hat, beschrieb:

„Es ist ein bisschen wie im Mutterleib ...“ Sie schenken ein Gefühl von Geborgenheit, tun gut bei Heimweh, bei Verlustängsten, bei Ängsten überhaupt.

Zusammenfassend kann gesagt werden, dass beide Kompositionen emotional und physisch die Gesundungsprozesse eines Lebewesens unterstützen, Geborgenheit vermitteln, entspannend, friedlich stimmend, beruhigend, angstlösend, besänftigend und ausgleichend wirken – auf Tiere und ihre Menschen!

Vollendung, Loslassen, Neubeginn

Die 2. CD mit der Komposition *Vollendung, Loslassen, Neubeginn* ist immer dann hilfreich, wenn sich etwas dauerhaft verändert hat oder verändern wird, also durch einen Umzug, durch Familienzuwachs, menschlich oder/und tierlich, wenn Bezugspersonen wegziehen oder sterben, also immer, wenn ein neuer Lebensabschnitt beginnt und wenn Loslassen angesagt ist. Wie heilsam diese Klänge für Tiere auf ihrem Vollendungsweg und besonders während der 6 Sterbephasen sein können, beschreibe ich in *Kapitel III*.

Natürlich ist auch andere entspannende Musik geeignet. Beobachten Sie Ihr Tier, wie es auf dieses oder jenes Musikangebot reagiert.

Ein ganz wichtiger Hinweis (siehe auch *Kapitel VII – Die Krönung*): Wenn Sie die CDs *Heilsame Klänge für Tiere* als Download erwerben, achten Sie bitte darauf, dass Sie ein Format wählen, welches die Daten nicht komprimiert, wie das z. B. bei MP3 geschieht. Auf der Homepage des Reichel Verlages, der die CDs *Heilsame*

Klänge für Tiere verlegt, gibt es einen entsprechenden Hinweis zu anderen Formaten ohne Datenverlust. Das Problem bei MP3 ist, dass nur das an Klängen übrigbleibt, was das menschliche Ohr wahrnehmen kann. „Die obersten und untersten Frequenzen (also alle Zwischen- und Obertöne) werden gekappt und sämtliche Klänge ausgedünnt, um sie zu komprimieren, d. h. auf eine kleinere Datenmenge schrumpfen zu können", erklärte ein Musiker, der das absolute Gehör hat. Es gehen also auch die heilsamen Klänge, die ja gerade die besondere Qualität und Wirkung dieser Klangschalen-CDs ausmachen und die die Tiere mit ihrem viel feineren Gehör wahr- und aufnehmen, dabei verloren. Tiere nehmen Klang ganz anders und stärker wahr, entweder über ihr feines Gehör oder als Schwingung über Rezeptoren in ihrer Haut.

Die Menschen haben sich leider daran gewöhnt, derart beraubte Musik zu hören. Was für ein Jammer!

Blütenessenzen

Hier sind vor allem die Bachblüten bekannt, benannt nach ihrem Begründer, dem sensitiven englischen Arzt Dr. Edward Bach. Er hat durch seine Sensitivität entdeckt, dass bestimmte Blüten und Bäume in Resonanz mit emotionalen und seelischen Blockaden gehen, die, so schrieb er, die Ursachen für Krankheiten sind. Eine Krankheit sei wiederum ein Hinweis darauf, dass ein Mensch in einer Blockade steckengeblieben sei. Die Blütenessenzen können diese Blockaden lösen und die dahinterliegenden Potenziale freisetzen. Sie sind wunderbare Seelentröster und können die innere Heilkraft anregen. Auch Tiere haben solche Blockaden oder Disharmonien. Sie entstehen durch beängstigende Erlebnisse und Traumata, durch negative Einflüsse aus ihrem Umfeld, durch Missverständnisse zwischen Mensch und Tier, auch durch fehlende mütterliche Zuwendung in ihrer Welpenzeit (z. B. weil die Mutter nach der Geburt gestorben ist oder die Kleinen zu früh von ihr weggenommen wurden) und andere Ursachen. Diese zeigen sich meist als Ängste, Unsicherheit oder auffälliges Verhalten.

Auch hier können die Blütenessenzen heilsam eingesetzt werden, am besten natürlich, bevor das Tier Krankheitssymptome zeigt.

In Büchern über Bachblüten für Tiere gibt es Fragebögen, anhand derer sich die aktuell hilfreichen Blüten herausfinden lassen. Das kann für einen Einstieg durchaus gut und sinnvoll sein. Ich hatte vor über 35 Jahren auch so begonnen. Damals erforschte und erlernte ich auch das Pendeln und weitere sensitive Testmethoden. Sehr bald arbeitete ich nur noch mit dem Pendel oder dem Tensor, denn auf diese Weise habe ich nicht nach meiner Beobachtung und dem Wissen über die einzelnen Blütenqualitäten ausgewählt, sondern konnte das Wesen des Tieres über das Pendel auf die benötigten Blüten reagieren lassen. Die Treffsicherheit und damit die effektive Wirkung der Blüten waren eindeutig besser.

Wenn Sie noch keine Erfahrung mit dem Pendel oder dem Tensor haben und dennoch sensitiv testen möchten, können Sie sich ein Set mit Blütenkarten[15] besorgen und diese auf einem Tisch oder dem Boden ausbreiten. Dann versetzen Sie sich in Ihr Tier und greifen intuitiv und ganz spontan nach einigen Karten mit den Blütenabbildungen, von denen Sie angezogen werden. Sie können darauf vertrauen, dass es die richtigen sind, und wenn Sie die Bedeutung der Blüten nachlesen, werden Sie sich sicher bestätigt fühlen. Die Kurzformen der Bedeutung der Blüten stehen bei dem erwähnten Set auf der Rückseite der Karten, sind hier allerdings auf Menschen bezogen. Wenn Sie eine ausführliche Beschreibung der Blüten für Ihr Tier wünschen, finden Sie diese in den entsprechenden Büchern. Über die Anzahl der Blüten in einer Anwendungsmischung gibt es unterschiedliche Empfehlungen. Für den Anfang können Sie sich an den Angaben in den Büchern orientieren.

Darin finden Sie auch Anleitung zur Herstellung von individuellen Mischungen, d. h. man gibt aus den sog. Stockbottles der gewählten oder getesteten Essenzen jeweils einige Tropfen in ein

---

[15] Scheffer, Mechthild, *Bach-Blütenbilder*, Irisana, 1998

Tropf- oder Pipetten-Fläschchen und füllt mit einem guten stillen Wasser auf. Nun haben Sie ein Anwendungsfläschchen.

Ich teste auch die Anzahl der Blütentropfen sowie die Häufigkeit der Tropfengabe und der jeweiligen Tropfenmenge mit dem Pendel sensitiv aus. Ein Vorschlag für Sie, wenn Sie diese Infos ebenfalls auf sensitive Weise erhalten möchten: Nehmen Sie 10 gleichaussehende kleine Zettel, beschriften Sie diese auf der einen Seite mit „1“, „2“, „3“ etc. bis „10“ und einen weiteren Zettel mit „Mehr als 10“. Wenn Sie nun wissen möchten, a) wie viele Blütenkarten Sie wählen sollen bzw. wie viele Blüten Ihr Tier gerade braucht und b) wie viele Tropfen Sie von jeder Essenz für eine Anwendungsmischung nehmen sollen und c) wie die Dosierung sein soll, verfahren Sie wie bei der Auswahl der Blütenkarten: Sie drehen die Papierzettel um, verteilen Sie auf einem Tisch und greifen dann intuitiv nach einem Zettel. Wenn dieser auf der Rückseite die 6 hat, wählen Sie 6 Blütenkarten aus. – So können Sie auch mit der Menge der Tropfen für eine Mischung, mit der Häufigkeit der täglichen Tropfengabe und der Anzahl der jeweiligen Tropfenmenge verfahren.

Entweder Sie haben ein ganzes Set Blütenessenzen zur Verfügung, oder Sie lassen die Mischung in einer Apotheke zubereiten.

Für Tiere empfehle ich allerdings Essenzen auf Solebasis[16]. Vor allem Katzen und noch kleinere Tiere können Alkohol nicht abbauen, und der Geruch danach ist ihnen zuwider. Die leicht salzig schmeckenden Tropfen der Mischungen aus Florasole-Essenz hingegen werden sehr gerne genommen, von den meisten Tieren jedenfalls. Seit einiger Zeit gibt es die Blütenschwingungen auch auf Globuli (kleine Milchzuckerkügelchen) und bereits als fertige Mischung z. B. gegen Angst (erhältlich in Tierfutterläden, Apotheken oder über Internetshops). Ich habe damit keine Erfahrungen gemacht, kann also keine Empfehlung geben, da ich es vorziehe, die

---

[16] Noemi Florasole Blütenessenzen, www.nuhrovia.com/product-category/bluetenessenzen/

Blüten ganz individuell auszutesten. Doch in der Not ist es natürlich besser als nichts, eine fertige Mischung in dieser Form bereitliegen zu haben.

Mittlerweile gibt es nicht nur die Blütenessenzen nach Dr. Bach oder die Essenzen auf Solebasis (die ersten 38 sind identisch mit denen von Dr. Bach), sondern eine Fülle von anderen Blütenessenzen weltweit. Einige Jahre lang habe ich mit verschiedenen anderen experimentiert, bin jedoch wieder auf die von Dr. Bach entdeckten 38 Blüten zurückgekommen und nutze zusätzlich einige ergänzende einheimische Blütenessenzen von Florasole. Diese Blütenauswahl reicht bestens aus.

In Apotheken sind nur die 38 Essenzen nach Dr. Bach bzw. Mischungen daraus erhältlich. Der Hersteller der Florasole-Essenzen bietet die Zubereitung sowie den Versand von individuellen Mischungen an.

In einigen Büchern finden Sie allgemeine Blütenempfehlungen für die Sterbebegleitung von Tieren, und auch ich habe die Erfahrung gemacht, dass bestimmte Blüten häufig in der Vollendungsphase vorkommen, doch <u>immer</u> in einer anderen Kombination. Es würde den Rahmen dieses Buches sprengen, wenn ich im Detail darauf eingehen würde, denn mit ein paar Stichworten ist Ihnen und Ihrem Tier nicht gedient. Sie können sich gerne an mich wenden, wenn ich eine Mischung für Ihr Tier und am besten auch gleich für Sie austesten soll und Sie allgemein eine Beratung wünschen. Dann kann ich gezielt auf Ihre und die Bedürfnisse Ihres Tieres eingehen.

Farbtherapie

Ende der 90er während meiner Heilpraktiker-Ausbildung beschäftigte ich mich auch mit der therapeutischen Wirkung von Farben.

Es entstand sogar ein Ratgeberbuch[17], das ich zusammen mit meinem Ausbilder verfasste.

Aus diesem Erfahrungsschatz möchte ich Ihnen Anregungen zum Einsatz von Farben als Wellnessprogramm für Ihre Tiere sowie zur Farblichtbestrahlung während der 6 Sterbephasen geben.

Das Wellnessangebot für meine Tiere Lucina und Purzel sah so aus: Ich bezog mehrere 80 x 80 cm große Kopfkissen mit Bezügen aus Baumwolle in den Farben Rot, Grün, Blau, Gelb, Orange und Violett und verteilte diese in meinem Wohnzimmer (ich verfügte damals über ein sehr großes). Es war höchst interessant zu beobachten, wie sich die beiden, und täglich auch die Nachbarshunde Shiva und Fox, „ihre“ Farben aussuchten, ein Weilchen auf dem Kissen ruhten und irgendwann, wie auf innere Absprache, die Plätze wechselten. Da meistens sechs Farbkissen zur Verfügung standen, hatten sie stets eine Wahlmöglichkeit. Außerdem gab es noch einen roten Teppich in der Wohnung sowie weiße Fließen und Holzparkett zur Auswahl. Unsere Hunde waren bzw. sind relativ groß, deshalb das 80er Maß.

Statt Kopfkissen können Sie unifarbene (Hand-)Tücher auf bereits vorhandene Ruheplätze legen. In Tiergesprächen äußern Tiere übrigens oft einen Farbwunsch, vor allem bei Krankheit und in den Sterbephasen.

Nun zu den Empfehlungen für den Einsatz von Farblichtbestrahlung in den 6 Sterbephasen. Wenn Sie tiefer in diese Behandlungsmethode einsteigen wollen, empfehle ich entsprechende Literatur[18].

---

[17] Jacoby, Bengt/Fröhling, Ingrid, *Vorbeugen und Heilen mit Farbtherapie*, Falken Verlag, 1998. Dies nur zur Erwähnung. Das Buch ist vergriffen und wurde nicht mehr aufgelegt.

[18] Die Werke von Peter Mandel sowie Darius Dinshah waren Grundlage meines Studiums über die heilsame Wirkung von Farben. Mittlerweile gibt es einige gute Autoren mehr. Verwenden Sie den Suchbegriff „Farbtherapie“ bei einem Internetbuchshop Ihrer Wahl.

1. Phase: Gelb, passend zum Erdelement, evtl. im Wechsel mit Orange. Gelb und Orange zählen zu den nährenden und wärmenden Farben.

2. Phase: Blau, passend zum Wasserelement. Blau wirkt entspannend und schmerzlindernd.

3. Phase: Grün, um das Aufgewühlte in der Feuerphase zu beruhigen. Grün gibt Energie für die Ablösung der Seele vom Körper. Auch im Wechsel mit Blau, um noch mehr zu entspannen.

4. Phase: Dunkles Violett. Violett wirkt beruhigend auf einer sehr tiefen Bewusstseinsebene.

5. Phase: Orange als Heilfarbe, die die Psyche ins Gleichgewicht bringt. Hilft auch dem Trauernden.

6. Phase: Orange … oder Kerzenlicht.

Entsprechend gefärbte Glühbirnen mit 15, 20 oder maximal 40 Watt gibt es im Handel. Die Lampe sollte so gestellt werden können, dass weder Tier noch Begleiter direkt ins Farblicht hineinschauen. Am effektivsten ist die Bestrahlung bei abgedunkeltem Zimmer bzw. ohne zusätzliche Lichtquelle. 2–3 Mal am Tag und jeweils ca. 30 Min. mag als Orientierung dienen. Das Farblicht unterstützt auch den begleitenden Menschen!

Eine Bezugsmöglichkeit für farbige Glühbirnen finden Sie im Anhang. Alternativ können Sie auch farbiges Drachenpapier oder eine Farbfolie vor eine Lichtquelle spannen.

Homöopathie

Dank meiner Kenntnisse der Homöopathie habe ich mir selbst und meinen Tieren schon so oft und auf einfache, doch sehr effektive Weise helfen können und damit einiges an Leid erspart. Viele gesundheitliche Probleme konnte ich allein lösen, manchmal benötigte ich jedoch auch die Hilfe einer/s homöopathiekundigen

Tierärztin/-arztes oder Tierheilpraktikers/in. Es gibt zwar sehr gute Bücher[19] mit auch für den Laien verständlichen Beschreibungen, dank derer man sein Tier, auch alte Tiere, behandeln und begleiten kann, doch unternehmen Sie bitte keine Eigenexperimente im Ernstfall, wenn Sie unerfahren sind!

Denn das richtige homöopathische Mittel zu finden ist – bei der Vielzahl der heute erhältlichen – schon eine Kunst für sich. Und die erwähnten Ratgeber beinhalten längst nicht alle Symptome, die ein Tier zeigen kann.

Eine weitere Empfehlung lautet, das Konstitutionsmittel des Tieres von homöopathisch ausgebildeten ÄrztInnen oder TherapeutInnen bestimmen zu lassen. Dieses Mittel können Sie stets in Krisenzeiten geben und das Tier damit physisch und psychisch unterstützen … je nachdem auch neben einer aktuellen Mittelbehandlung.

Schüßler-Salze

Prof. Dr. med. Schüßler verdanken wir „Eine abgekürzte homöopathische Therapie". Nachdem er lange verschiedene Naturheilweisen und die Homöopathie studiert und als homöopathischer Arzt gearbeitet hatte, konzentrierte er sich auf die Forschungsergebnisse und die Wirkung von Mineralstoffen. Er fand heraus, dass mit nur 12 anorganischen Mineralsalzen, die sich auch in den Zellen von Blut und Gewebe befinden, die physiologische Funktionsweise des Organismus reguliert und geheilt werden konnte. Heute schätzen immer mehr Menschen und auch ich dieses Biochemie-System, „Schüßler-Salze" genannt, als natürliche Heil- und Behandlungsmethode ohne schädliche Nebenwirkungen, für sich und für ihre Tiere.

Kleine Kuren mit Schüßler-Salzen sind v. a. im Frühjahr und im Herbst für die Stärkung des Immunsystems und zur Unterstützung des Fell- oder Federwechsels sehr geeignet. Es gibt für kurmäßige

---

[19] Siehe Literaturverzeichnis im Anhang

Anwendungen und die Behandlung von Haustieren etliche Ratgeberbücher, auch getrennt nach Tierarten. Ich teste die Schüßler-Salze ebenfalls sensitiv aus oder schaue in meinen schon sehr häufig zur Hand genommenen kleinen Ratgeber[20].

Wenn Ihr Tier empfindlich auf Milchzucker reagiert, empfehle ich Schüßler-Salze auf Kartoffelstärkebasis (z. B. von Pflüger. Die klassische Variante bietet z. B. die DHU[21] an). Schüßler-Salze sind in verschiedenen Packungsgrößen in Apotheken erhältlich.

Kolloidales Gold und Silber

Kolloidales Gold kann allen entzündlichen Prozessen (auch im Bewegungsapparat) entgegenwirken, das Nervensystem unterstützen und (ein Tipp für Menschen) die Entwicklung der Medialität fördern. Von kolloidalem Silber heißt es, es sei ein natürliches Antibiotikum, wirke jedoch auch gegen Viren und Pilze, man könne es äußerlich und innerlich anwenden. Beim Kauf von kolloidalem Silber sollten Sie unbedingt darauf achten, dass es wirklich kolloidales und kein Ionensilber ist. Ionensilber eignet sich lediglich zum Desinfizieren oder für eine äußere Anwendung, nicht zum Einnehmen! Ich beziehe das koll. Silber und Gold von einem vertrauenswürdigen Hersteller auf Lanzarote. Ausführliche Informationen erhalten Sie auch von mir per Mail.

Heilimpulse zum Aufsprühen

Sie finden in diesem Buch zwei mich immer wieder sehr berührende Erfahrungsberichte: die von Fox und Abayomi. Für mich persönlich sind einige Produkte des Herstellers des erwähnten Sprays zu den wichtigsten Begleitern meiner Gesundheit, die meiner Tiere und einiger Klientinnen und Klienten mit ihren Tieren geworden. Sie können mich gerne per Mail ansprechen und um

---

[20] Geiger, Gisela Elisabeth, *Die Schüßler-Mineralsalze*, Knaur MensSana

[21] DHU = Deutsche Homöopathische Union

weitere Informationen bitten. Aufgrund des Heilmittelwerbegesetzes ist es leider nicht möglich, die genauen Produktnamen im Zusammenhang mit den geschilderten Berichten zu nennen.

Aromatherapie

Es gibt mittlerweile einige Hersteller von hochwertigen ätherischen Ölen für den therapeutischen Einsatz. Neben Einzelölen bieten diese auch fertige Mischungen an, z. B. gegen Schmerzen, zur Beruhigung, bei Parasitenbefall oder zum Einstimmen auf anstehende Veränderungen. Hier verfüge ich nur über einige wenige Erfahrungen an mir selbst, weiß jedoch von Anwendern, die die Aromatherapie bei ihren Tieren mit Erfolg angewendet haben. Die Erwähnung mag Sie anregen, sich tiefer mit der Aromatherapie zu befassen. Öle sowie entsprechende Literatur finden Sie auch hier in Fülle, wenn Sie sich auf die Suche machen.

Mentale Heilmethoden, energetische Heiltechniken

Die von russischen Forschern und Wissenschaftlern auf der Basis von altem Weisheitswissen und neuen Erkenntnissen aus der Quantenphysik entwickelten „Neuen mentalen Heilmethoden" sind leicht zu lernen und anzuwenden. Ich arbeite beinahe täglich damit, zu meinem höchsten Wohle und zum Wohle so vieler wie möglich, also auch zum Wohle von Haustieren meiner Klienten, wenn ich dazu den Auftrag habe. Diese NMH kombiniere ich häufig mit Heilzahlencodes, die ebenfalls von russischen Forschern entwickelt wurden. Es gibt bei den vielen Zahlencodes auch welche für einen guten und sanften Sterbeprozess.

In meinen Workshops vermittle ich diese Methoden, und die Teilnehmer können sie sofort in ihrem Alltag, bei sich und ihren Tieren, anwenden. Staunen und Aha-Momente sind garantiert.

Diese mentalen und die vorgenannten Methoden verwende ich häufig im Wechsel mit:

- Quantenheilung für Haustiere
- Gebete
- Japanisches Heilströmen, Jin Shin Jyutsu

Auch hier würde es wieder den Rahmen dieses Buches sprengen, wenn ich näher auf diese Methoden einginge. Bitte informieren Sie sich anhand der Literaturempfehlungen.

Meditationen, innere Reisen

In *Kapitel X* finden Sie einige Anleitungen zu inneren Reisen, die Ihnen den Zugang zu Helferwesen oder dem Seelenplan Ihres Tieres ermöglichen. Wenn Sie es sich nicht alleine zutrauen oder auch niemanden haben, der Sie begleiten könnte, dürfen Sie sich gerne an mich wenden. Diese Anleitungen lassen sich sehr gut per Telefon oder auch über Skype durchführen.

Präsent Sein

Diese Übung gehört ebenfalls zu den Meditationen, für die ich ausführliche Anleitung in *Kapitel X* gebe. Sie lässt sich gut mit der Übung *Verbindung mit dem Seelenplan Ihres Tieres* kombinieren. An dieser Stelle möchte ich schon vorgreifen und erwähnen, dass in dem Zustand des Präsentseins telepathische Kommunikation von Ihrem Tier zu Ihnen stattfinden kann, selbst wenn Sie dieses auf Ihrer Verstandesebene gar nicht wahrnehmen können oder nicht wissen, wie Tierkommunikation funktioniert. Sie müssen dafür nichts Neues lernen, sondern „nur" etwas Altbekanntes loslassen, nämlich die ständig kreisenden Gedanken an Vergangenes und Zukünftiges sowie das Bestreben des Verstandes, alles kontrollieren zu wollen. Ich gebe zu, das fällt den meisten anfangs ziemlich schwer. Doch versuchen Sie es: Es ist die Grundlage fast jeder Meditationsform und ebnet den Weg zu einem inspirierten, liebevollen und selbstbestimmten Leben.

Ani, ein wundervolles Albino-Tigerpython-Weibchen und eine meiner bedeutenden Tierlehrerinnen, sagte dazu einmal zu mir:

„Ich lege meine Gedanken in deine Gedanken. Du glaubst, es ist dein Gedanke. Macht nichts, Hauptsache du handelst!“

Dieses Tierwesen beschreibt damit eine ganz natürliche und jedem zur Verfügung stehende intuitive, telepathische Form der Kommunikation zwischen den Arten.

Segnen

Segnen ist mehr als das, was wir von Priestern und Pfarrern in der Kirche kennen. Segnen ist etwas, was wir alle dürfen und sollen. Indem wir segnen, geben wir göttliche oder Liebesenergie in eine Sache oder Situation, ohne eine Vorstellung davon zu haben, wie diese Energie zu wirken hat. Dieser Segen ist an die höchste Weisheit angeschlossen, so dass er immer im besten Sinne wirkt. Segnen heißt bei einem alten kranken Tier, dass ich seine innere Heilkraft oder seine Fähigkeit, mit Leichtigkeit seinen Körper abzulegen, segne und damit stärke. Ich segne all das, was ich unterstützen möchte, auch wenn es gar nicht oder nur kaum sichtbar bzw. spürbar ist. Ich kann jedoch auch, z. B. nach einem Unfall, den Unfallverursacher segnen, und natürlich das Unfallopfer, die Weisheit und Besonnenheit der behandelnden Ärzte – und anderes mehr. Über die Autoren Gregg Braden[22] und Pierre Pradervand[23] lernte ich den Segen des Segnens kennen. Beide betonen übrigens, dass es sehr wichtig sei, stets auch sich selbst als Beobachtende/r und damit als Teilnehmende/r zu segnen.

---

[22] Braden, Gregg, *Verlorene Geheimnisse des Betens – Die verborgene Kraft von Schönheit, Segen, Weisheit und Schmerz*, Echnaton Verlag

[23] Pradervand, Pierre, *Segnen heilt – Wie dein Segen die Welt verändert und dich selbst*, Reichel Verlag

Segne diesen Moment – Wie wir uns jeden Tag heilen können, Reichel Verlag

Neben den oben erwähnten Methoden oder Techniken ist auch das Segnen zu etwas wie die Luft zum Atmen oder das tägliche Brot für mich geworden. Vor allem immer dann, wenn ich weder auf andere Weise eingreifen oder helfen darf oder kann, segne ich.

Schamanische Reisen

Einige amerikanische und europäische Therapeuten haben in dem sog. Core-Schamanismus das Wissen von Schamanen aller möglichen Kulturen zusammengefasst und in eine Form gebracht, die für die heutigen Menschen gut nachvollziehbar und anwendbar ist.[24]

Vor einigen Jahren habe ich mich damit befasst und mit der Ausbildung begonnen. Ich wollte etwas an der Hand haben, um Menschen nach einem Tiergespräch weiterhin praktisch begleiten zu können, wenn z. B. ein Hund das fehlende Selbstbewusstsein oder die schwache Führungskraft seines Menschen kompensieren muss mit viel Bellen, Kontrollieren (an der Wade kleben ...), mit Ziehen an der Leine u. a., auch im Krankheitsfall und bei der Sterbebegleitung. Das schamanische Reisen hat sich für mich dann als weniger praktisch erwiesen, da zum einen nicht jeder westliche Mensch dafür offen ist, zum anderen wollte ich ja eine Methode zur Verfügung haben, die ich auch meinen Klienten vermitteln kann, damit diese selbst aktiv werden können. Hier wurde ich dann bei den neuen mentalen Heilmethoden fündig. Das schamanische Reisen schätze ich dennoch nach wie vor sehr.

Systemische Aufstellungen, Kommunikation in Bewegung

Haustiere haben ihren festen Platz in einer Familie, auch energetisch, selbst wenn diese aus nur einer Person besteht. Sie spiegeln mit ihren Symptomen und ihrem Verhalten häufig menschli-

---

[24] Ingerman, Sandra, *Die schamanische Reise*, Ansata Verlag

che Themen bzw. zum Teil noch unerkannte oder verdrängte Probleme, nehmen auch Krankheiten ab, in der Hoffnung, dass der Mensch hinschauen und erkennen mag. Im besten Fall, wie bei einer Hündin, bei der ich Tierkommunikation mit einer systemischen Aufstellung (nach Bernd Hellinger) kombiniert hatte, kann sogar eine jahrelange und therapieresistente Inkontinenz heilen. Über die Tierkommunikation konnten ihre Menschen erfahren, was in ihrer Hündin vorging und vor allem was sie für die Familie trug und aufzeigen wollte. Bei der systemischen Aufstellung konnten ihre Menschen das, was die Hündin trug, als ihre eigene Aufgabe annehmen. Damit begann eine heilsame Veränderung bei ihnen selbst, welche wiederum die Heilung der Hündin ermöglichte. Die ausführliche Geschichte finden Sie in meinem Buch *UnGEHÖRTES …*

Eine weitere etwas einfacher durchzuführende Form der therapeutischen Rollenspiele, wenngleich nicht weniger effektiv, habe ich durch die Ausbildung in *Walking in your Shoes* entdeckt. Auch hierbei können Ursachen für Probleme, Verhaltensauffälligkeiten, Krankheiten u. a. von einer/m Stellvertreter/in empfindend aufgespürt und somit verstanden werden. Die Beschreibung darüber, wie eine systemische (Familien-)Aufstellung oder ein Walk funktioniert, was es dafür braucht, was zu beachten ist, würde den Rahmen dieses Buches sprengen. Über die Arbeit von Bernd Hellinger gibt es einiges an Literatur, ein Buchtipp zu *Walking in your Shoes* finden Sie im Literaturverzeichnis.

Ich habe aus den Erfahrungen mit diesen beiden Methoden eine ganz eigene Version entwickelt: *KiB Kommunikation in Bewegung*. In meinen Workshops können Sie diese Methode erlernen und erste Erfahrungen sammeln.

Kommunikation in Bewegung ist eine perfekte Ergänzung zur Tierkommunikation und zusätzlich eine sehr effektive Methode zur Klärung eigener menschlicher Fragen. KiB kann ich auch im Notfall sofort anwenden und kombiniere sie mit der telepathischen Kommunikation. Zum Beispiel auch dann, wenn es aus Sicht der

Menschen um gesundheitliche Probleme bei ihren Tiergefährten geht, das Tier selbst jedoch kein Problem damit hat und demnach kaum Auskunft geben kann. Dann schlüpfe ich geistig in das Tier hinein, bewege mich als das Tier und empfinde oder fühle dann recht schnell, wie es ihm geht, wo in seinem Körper Spannungen und Blockaden sind oder gar Schmerzen.

Auch wenn der Vollendungsprozess irgendwo zu hängen scheint, das Tier es jedoch nicht benennen oder ich es nicht „hören“ kann, ist es mir dann eher möglich, über KiB zu erspüren, ob es noch etwas Unausgesprochenes gibt, etwas, was auf Klärung wartet, oder anderes.

Diese Methode kann ich auch verwenden, wenn ich von den vielen Behandlungsmöglichkeiten, die ich mittlerweile kenne, die passende für ein Tier herausfinden möchte. Dann arbeite ich mit Platzhaltern. Platzhalter können kleine Zettel sein mit Namen oder Situationen darauf vermerkt, die dann umgedreht werden, und über das Empfinden in der Rolle des Tieres spüre ich zu den Platzhaltern hin und achte auf meine Reaktion. Mag ich das oder eher nicht?

Für das Aufspüren von Behandlungsmethoden oder Mitteln habe ich A4-Blätter genommen, je eine Methode oder ein Mittel darauf abgebildet oder kurz beschrieben, diese Blätter dann in Klarsichthüllen gesteckt und mit gleichfarbigem blickdichtem Papier abgedeckt. Die Mappen verteile ich dann in einem Raum, schlüpfe in die Rolle des Tieres, für das ich auf der Suche bin, und spüre zu jeder Mappe hin. Auf diese Weise habe ich schon etliche heilsame Therapieempfehlungen und -pläne zusammenstellen können.

Ernährung – Nahrungsergänzung

Die Ernährung ist bei den meisten Haustieren mangelhaft bis krankmachend. Konserven (also Dosen- oder Tütenfutter) wirken säurebildend, haben kaum Vitalinformation. Das verwendete

Fleisch enthält die ganze Palette an Medikamenten, vor allem Antibiotika, die die Schlachttiere verabreicht bekommen Zeit ihres Lebens – es sei denn, man kauft Biofutter. Wenn wir Fleisch im Supermarkt und in den üblichen Metzgereien kaufen, sind diese Resttoxine aus der Verstoffwechselung der Medikamente darin enthalten. Damit hat dann die Leber des Tieres, das dieses Fleisch als Nahrung bekommt, zeitlebens viel zu arbeiten.

Generell enthalten Nahrungsmittel heutzutage weniger Vitamine und Mineralstoffe als noch vor wenigen Jahrzehnten. Das liegt an Überdüngung und Ausbeutung der Böden, an Schädlingsbekämpfungsmitteln und Umweltverschmutzung. Also selbst dann, wenn wir für unsere Tiere aus guten Zutaten Futter frisch zubereiten, kann es zu einem Mangel an Vitaminen und Mineralstoffen kommen. Deshalb sind hier geeignete Nahrungsergänzungsmittel sinnvoll.

Sehr alte Tiere oder Tiere, die kurz vor ihrer Vollendung stehen, brauchen oft mehrere kleine leichte Mahlzeiten am Tag, unbedingt handwarm. Sehr kranken Tieren, von denen wir wissen, dass sie z. B. wegen einer Krebserkrankung ihre Erdenrunde bald beenden, sollte man geben, was sie mögen. Da muss man nicht noch mit Ernährungsumstellung zusätzlichen Stress verursachen.

Natürlich sind Gesundheit und ein langes Leben nicht nur von Ernährung oder antibiotikafreiem Fleisch abhängig. So wie viele Menschen essen manche ihr Leben lang nur Minderwertiges, rauchen Zigaretten, trinken Alkohol und werden trotzdem alt. Das kann auch bei Tieren so sein, die minderwertig ernährt werden. Doch weil die Tiere viel von uns Menschen abnehmen, mit unseren negativen Gefühlen, unserem Seelenballast und Krankheiten konfrontiert werden, ist es hilfreich und sinnvoll, ihren Körpern Unterstützendes und wirklich Gesundes zuzuführen.

Ein übersäuerter Organismus liefert beste Bedingungen für Krebs, Rheuma, Arthrose etc. Stress, egal wodurch ausgelöst, macht sauer, übersäuert den Organismus, auch bei Tieren.

Mit den folgenden Mitteln – hier nur kurz aufgeführt – zur Nahrungsergänzung bzw. Stoffwechselregulierung habe ich viele gute und heilsame Erfahrungen gemacht, bei mir, bei meinen Tieren sowie Tieren von Klienten:

Rechtsregulat

Rechtsregulat ist ein kaskadenfermentiertes Getränk, wirkt basisch, also entsäuernd, enthält viele wichtige Enzyme, damit der Stoffwechsel gut arbeiten kann. Rechtsregulat erhalten Sie in Reformhäusern und Bioläden. Eine Bezugsquelle für Rechtsregulat für Tiere finden Sie im Anhang.

Mineralstoffmischungen

Achten Sie hier bitte auf bioverfügbare Bestandteile. Viele Produkte enthalten synthetisch hergestellte Inhaltsstoffe, die die Zelle nicht aufnehmen kann. Auch die feine Heilerde bietet eine gute Versorgung an Mineralstoffen.

Grüne Smoothies aus frischem Obst und Blattgrün

Auch Tiere lieben diese vitalen und gesunden Smoothies, die so prall voll sind mit Vitaminen und Mineralstoffen, auch mit den so lebensnotwendigen Biophotonen. Evtl. blähende Zutaten wie Grünkohl oder Brokkoli habe ich vorsichtshalber nie verwendet. Meine Hündin liebte Feld- oder Blattsalat mit Banane oder Apfel. Obst in Stücken hatte sie nie gewollt.

Flor Essence

Diese Kräutermischung gibt es fertig als Tee zu kaufen oder als Kräuterpulver zum Selbstherstellen: Hilft beim Entsäuern, bei entzündlichen Prozessen, zur Stoffwechselbalance und Darmsanierung bei Mensch und Tier. In dem Buch von G. A. Ulmer über Flor Essence finden Sie eine weiterführende Beschreibung und Anleitung.

Hochwertige kaltgepresste Öle

Hanföl, Leinöl, Schwarzkümmelöl – Leinöl auch in Kombination mit etwas Quark (Budwig-Diät).

Bio-Vitalpilze für Ihr Tier

Gibt es als fertiges Produkt mit einzelnen Pilzarten oder als Kombi-Präparate zur Immunstärkung und zur Therapie bei bestimmten Krankheiten (Bezugsquelle im Anhang).

Weizen-, Gersten- oder Dinkelgras

Diese Gräser lassen sich wie Sprossen in Keimgläsern bzw. -schalen ziehen und kleingeschnitten dem Futter oder grünen Smoothies zufügen. Es gibt sie auch in Pulverform, schonend getrocknet, lose oder zu Tabletten gepresst, natürlich in Bioqualität (Bezugsquelle im Anhang).

Effektive Mikroorganismen

Diese kleinen Wunder der Natur, stellenweise schon sehr ausgerottet durch übertriebene Hygiene und Umweltgifte, können den Böden, dem Wasser, Menschen und Tieren wieder zugeführt werden. Es begann mit einem sog. Bodenverbesserer, und heute können wir aus einem reichhaltigen Angebot von Produkten wählen, die zum einen für unsere Gärten, Felder und Teiche und zum anderen für unsere Gesundheit und für die unserer Tiere entwickelt wurden, zur äußeren und inneren Anwendung. Ich bin ein großer Fan der EMchen, wie ich sie liebevoll nenne (Bezugsquelle im Anhang).

Kapitel X
Meditationen, innere Reisen

Für alle in diesem Kapitel vorkommenden inneren Reisen, also Meditationen, Reflexionen oder Übungen, empfehle ich folgende Vorbereitung:

- Nehmen Sie sich genügend Zeit, auch zum Nachwirkenlassen und Aufschreiben des bei einer inneren Reise Erlebten.
- Wählen Sie einen ruhigen Raum in Ihrer Wohnung, einen bequemen Stuhl, der Ihnen ein aufrechtes Sitzen ermöglicht.
- Stellen Sie Ihr Telefon aus oder auf Anrufweiterleitung auf Anrufbeantworter oder Mailbox.
- Legen Sie Block und Stift bereit, auch Taschentücher.
- Wählen Sie eine passende Hintergrundmusik aus, wenn Sie die Begleitung von meditativen Klängen bei Ihrer inneren Reise als angenehm empfinden.

Sie können später in der Praxis diese Methoden bzw. die Erkenntnisse aus den inneren Reisen miteinander kombinieren. Je nach Situation oder Frage steht Ihnen das Helferwesen vielleicht schneller zur Verfügung als der Aufbau der Verbindung mit dem Seelenplan des Tieres. Vielleicht liegt Ihnen die eine Methode auch eher als die andere. Mit meinem Angebot möchte ich Ihnen eine Wahlmöglichkeit geben. Und da wir alle, auch Sie, die Gabe haben, Kontakt mit der geistigen Welt und ihren unsichtbaren Helfern aufzunehmen, mögen Sie eventuell sogar eigene Zugänge entwickeln und praktizieren.

Ich habe die Du-Form bei der Anrede in den Anleitungen gewählt. Das ist für Sie hoffentlich angenehm.

Meditation und Gedanken zu Ängsten und Hoffnungen zum bevorstehenden Übergang Ihres Tieres

Als Hintergrundklänge empfehle ich die CD *Heilsame Klänge für Tiere II – Vollendung, Loslassen und Neubeginn.* Ihre Reflexion kann von den Klängen dieser Komposition auf ideale Weise unterstützt werden. - Die zweite Meditation, die innere Reise zu Ihrem geistigen Helferwesen, kann nach einer Pause gleich folgen.

Anleitung:

Nachdem du Platz genommen hast, achte auf eine bequeme Position, die dir dennoch eine aufrechte Haltung deiner Wirbelsäule ermöglicht. Stelle deine Füße parallel nebeneinander auf den Boden und achte auf guten Bodenkontakt.

Dann schließe deine Augen.

Beobachte deinen Atem eine Weile, ohne etwas zu verändern. Einfach beobachten – und entspanne dabei deinen Körper.

Dann nimm ein paar tiefe, bewusste Atemzüge – und lass anschließend deinen Atem wieder ganz natürlich fließen.

Höre einige Minuten lang nur auf die Klänge, lass dich von den Klängen berühren, lass die Klänge in dich hineinschwingen (5 Minuten oder die Zeit, die sich für dich stimmig anfühlt).

Nun werde aufmerksam für deine dringlichsten Fragen zum Thema Tod und Sterben eines Tieres bzw. deines Tieres.

Was macht dir am meisten Angst dabei?

Welches sind deine größten Sorgen, deine schlimmsten Befürchtungen?

Was macht dir Hoffnung, gibt es etwas, worauf du vertrauen, aufbauen kannst?

Schreibe alles auf, was dir in den Sinn kommt, was aufsteigt in dir. Gib diesen Fragen viel Raum. Gib deinen Ängsten Raum ebenso wie deiner Hoffnung. Schreib alles auf, was in dir aufsteigt und gehört werden will.

Auch wenn es für den Augenblick schmerzhaft sein mag, sich deine Fragen, Sorgen und Ängste anzuschauen, ist es sehr hilfreich und wichtig, sie zu kennen. Denn nur dann kannst du Antworten bekommen.

Einige Antworten findest du bestimmt in diesem Buch, andere Fragen kannst du dem Helferwesen oder dem Krafttier stellen, welches dir für dich und dein Tier noch begegnen wird, wieder andere Fragen beantwortet dir das Leben, du lebst sozusagen in die Antworten hinein. Manches wird offenbleiben, darf offenbleiben.

Wenn du dann das Gefühl hast, alles aufgeschrieben zu haben, danke dir selbst und deinem Mut, nimm ein paar tiefe Atemzüge und lausche noch einige Minuten den heilsamen Klängen, solange es angenehm für dich ist. Bevor du die Augen öffnest, spüre deinen Körper, v. a. den Kontakt deiner Füße mit dem Boden sowie den Kontakt deines Gesäßes und Rückens mit der Sitzfläche und Lehne deines Stuhls.

Nimm noch einmal einige tiefe Atemzüge, balle deine Hände ein paar Mal zu Fäusten und gib dem Impuls nach, dich zu strecken, zu dehnen und herzhaft zu gähnen. Öffne dann wieder deine Augen.

Innere Reise zum geistigen Helferwesen

Diese innere Reise oder Meditation ermöglicht Ihnen die Begegnung mit einem Helferwesen aus der geistigen oder realen Welt, welches Ihnen Ihre ganz persönlichen Fragen zum Thema Sterben/Vollendung Ihres Tiergefährten oder von Haustieren allgemein beantwortet. Das kann ein Wesen sein, das Sie bereits kennen, es kann ein tierliches, menschliches oder engelhaftes Wesen sein, welches Ihnen für diese Fragen zur Verfügung steht, es kann auch Ihr Krafttier oder das Krafttier Ihres Tieres sein. Wenn Sie einen Zugang zu Natur- oder Erdwesen wie Elfen und Gnome haben, können sich diese zeigen. Es ist auch möglich – sollten Sie selbst bereits mit einem Kraft- oder Helfertier in Verbindung stehen –, dass dieses Ihnen ein weiteres Helferwesen schickt, welches ganz für Ihre aktuelle Situation mit Ihrem alten und vielleicht sich bald vollendenden Tiergefährten da sein möchte.

Machen Sie sich bitte frei von Erwartungen, Vorstellungen und Wünschen, welches Wesen es sein könnte. Schließlich geht es darum, dass sich der ideale Helfer bzw. Ratgeber für Sie und Ihre Tiergefährten zeigt.

Nach dieser Meditation, wenn sich Ihnen das persönliche Helferwesen gezeigt hat, können Sie es jederzeit um Rat oder einfach um seine Präsenz bitten, wenn Sie unsicher sind im Umgang mit Ihrem Tiergefährten und Fragen haben, vor allem in der Vollendungsphase.

Anleitung:

Nachdem du Platz genommen hast, achte auf eine bequeme Position, die dir dennoch eine aufrechte Haltung deiner Wirbelsäule ermöglicht. Wenn du auf einem Stuhl sitzt, stelle deine Füße parallel nebeneinander auf den Boden und achte auf guten Bodenkontakt.

Dann schließe deine Augen.

Beobachte deinen Atem eine Weile, ohne etwas zu verändern. Einfach beobachten – und entspanne dabei deinen Körper.

Achte besonders darauf, welche Bereiche deines Körpers locker und entspannt und welche noch verspannt sind. Wenn du irgendwo eine Anspannung aufspürst, atme einige Mal tief ein, schicke deinen Atem in diese Region und lasse mit jedem Ausatmen die vorhandene Spannung mehr und mehr los.

Mit jedem Ausatmen wirst du mehr und mehr entspannt. - Nimm dir Zeit für diese kleine innere Körperreise. Lasse Anspannung und Stress los mit dem Ausatmen, atme Ruhe und Frieden ein und lass diese sich in dir ausbreiten.

Gemeinsam werden wir jetzt eine Reise ans Meer unternehmen. Gehe in Gedanken zu deinem Tiergefährten und lade ihn oder sie ein, mitzukommen.

Stell dir vor, ihr befindet euch an einem wunderschönen Strand. Es ist ein herrlicher Tag. Der Himmel ist blau, und in der Ferne stehen ein paar weiße Schäfchenwolken am Firmament.

Fühle den Sand unter deinen Füßen und die wärmenden Strahlen der Sonne auf deinem Gesicht. Eine sanfte Brise umweht deinen Körper. Und dein Blick wandert über die Weite des Strandes und des tiefblauen Meeres.

Ihr beide geht eine Weile umher. Beobachte, wie dein Tier dich begleitet. Vielleicht geht es nah an deiner Seite, vielleicht springt es lebhaft umher. Lass es sich so bewegen, wie es möchte.

Jetzt oder gleich spürst du, wie du von einem bestimmten Platz in dieser Strandlandschaft magisch angezogen wirst. Gehe diesem Gefühl nach, und schaue dir dann diesen besonderen Platz genau an.

Finde eine Stelle, an der du dich setzen oder hinlegen magst. Lade auch dein Tier ein, sich zu setzen oder zu legen.

Fühle den Frieden an diesem Ort und lausche auf die Geräusche, das rhythmische Rauschen der Wellen. Schau dich um und lasse die Schönheit deiner Umgebung auf dich wirken. Auch dein Tier ist ganz entspannt und nimmt den Frieden und die Schönheit dieser Situation ganz auf.

Du spürst, dass ihr jetzt genau zur richtigen Zeit am richtigen Platz seid. Hier seid ihr sicher und geschützt, fühlt euch beide wohl und geborgen.

Allmählich entspannst du tiefer und tiefer, denn der Platz nimmt die gesamte restliche Anspannung deines Körpers auf, und du kannst fühlen, wie du dadurch ganz leicht wirst. Gleichzeitig wirst du und dein Körper von den Naturelementen gestärkt. Dein Tier macht und genießt es ebenso.

Mit einem Mal fühlst du dich vollkommen erfrischt. Du hast das Bedürfnis, aufzustehen und deinen Körper zu strecken. Du genießt die Wärme der Sonne auf deiner Haut und atmest die würzige Meeresbrise tief ein. Dein Tier steht ebenfalls auf, streckt sich genüsslich … und schüttelt sich vielleicht auch.

Während du auf deinem besonderen Platz stehst oder wieder ein wenig umhergehst und dich umschaust, entdeckst du, dass aus der Ferne etwas auf dich zukommt.

Es ist dein Helferwesen, welches sich entweder zu Land, zu Wasser oder in der Luft auf dich zu bewegt.

Du streckst beide Arme aus. Und wenn es hilfreich ist, gehst oder schwimmst du ihm ein Stück entgegen. Beobachte, ob dein Tier dich begleiten oder lieber hier auf dich warten will.

Schließlich befindet sich dein Helferwesen direkt vor dir. Es erwidert deine Umarmung auf die ihm mögliche Art und Weise, Herz an Herz. Und es nennt dir jetzt seinen Namen.

Tritt nun einen Schritt zurück und sieh dir dein Gegenüber an. Wisse, dass ihr beide entschieden habt, zu diesem Zeitpunkt und an diesem Ort zusammenzukommen, damit du und dein Tier Hilfe bekommt auf eurem noch vor euch liegenden Weg.

Umgib dieses Wesen mit liebevollem Licht und unterstützenden Gedanken. Schau zu, wie deine Liebe akzeptiert und mit liebevollen Gedanken und Gesten beantwortet wird. Öffne dich für diese Liebe und akzeptiere das Geschenk des Friedens.

Wenn dein Tier bis jetzt noch nicht bei euch war, tritt es jetzt zu euch. Vielleicht braucht es etwas mehr Zeit, vielleicht drängt es sich auch stürmisch zwischen euch. So wie es sich zeigt, ist es richtig und gut. - Erkenne, wie ihr drei von dem liebenden Licht des Universums eingehüllt werdet.

Du bist voller Dankbarkeit für diese Begegnung und für das Wissen, dass dieses Wesen dir künftig deine Fragen beantworten wird. Lass dir noch erklären oder zeigen, wie du künftig Kontakt mit ihm aufnehmen kannst.

Dann verabschiedet euch voneinander – dein Helferwesen entfernt sich wieder – und du kehrst langsam zurück an deinen besonderen Platz am Strand.

Atme tief ein und wieder aus, nimm noch einmal die besondere Energie dieses Platzes in dir auf – und kehre dann mit deiner Aufmerksamkeit zurück in den Raum in deinem Zuhause, in dem du dich für diese innere Reise hingesetzt hast. Halte die Augen noch geschlossen.

Spüre mit jedem bewussten Atemzug wieder mehr deinen Körper, den Kontakt deiner Füße mit dem Boden, deines Beckens und Rückens mit der Sitzfläche und der Lehne des Stuhls.

Balle deine Hände ein paar Mal zu Fäusten und erlaube dir, dich genussvoll zu strecken und zu gähnen, und öffne dann wieder deine Augen.

Lass dir dann noch einen Augenblick Zeit, um all die eben gemachten Erfahrungen zu integrieren, und mache dir Notizen.

Anleitung zu einer Loslass-Übung

Nachdem du Platz genommen hast, achte auf eine bequeme Position, die dir dennoch eine aufrechte Haltung deiner Wirbelsäule ermöglicht. Wenn du auf einem Stuhl sitzt, stelle deine Füße parallel nebeneinander auf den Boden und achte auf guten Bodenkontakt.

Dann schließe deine Augen.

Beobachte deinen Atem eine Weile, ohne etwas zu verändern. Einfach beobachten – und entspanne dabei deinen Körper.

Dann nimm ein paar tiefe, bewusste Atemzüge – und lass anschließend deinen Atem wieder ganz natürlich fließen.

Jetzt denke an eine schwierige Aufgabe oder an ein tierliches oder menschliches Lebewesen, das dir am Herzen liegt und das vielleicht Hilfe braucht.

Du weißt, dass du nichts oder nur wenig machen kannst, um zu helfen, um zu heilen, um die Aufgabe allein zu lösen. Du spürst die Last der Sorgen und du wärst sehr froh, wenn da jemand wäre, der dir diese Last abnehmen könnte.

Und während du deine physischen Augen geschlossen hältst, lasse vor deinem inneren Auge ein Bild entstehen, ganz ohne Druck und eigenes Dazutun (z. B. mit dem Gedanken, das müsste jetzt so oder so aussehen …), ein Bild oder ein Gefühl von einem Wesen, welches sich dir und deinem Anliegen liebe- und verständnisvoll zuwendet.

Was immer sich dir zeigt: vielleicht die aufnehmende Hand oder das gütige Auge eines Wesens oder einer Helferenergie, vielleicht auch ein Engel, ein Naturwesen, ein dir aus der Erinnerung vertrautes Abbild einer oder eines Heiligen oder eines aufgestiegenen Meisters, vielleicht auch eine Pflanze, ein Symbol, eine Farbe, eine Lichtsphäre … erkenne es dankbar an, denn es ist eine dir wohlgesinnte und dir helfen wollende Energieform.

Es hat die Kraft, das aufzunehmen, was du abgeben oder loslassen möchtest, um es entweder zu transformieren, ins Licht zu führen, die Heilung zu unterstützen oder Lösungen zu kreieren. Lasse dir genau zeigen, wie dieses innere Übergeben stattfinden soll. – Und dann gib ab, lass los.

Achte nach einigen Augenblicken auf dein Gefühl: Kannst du spüren, dass es dir leichter wird ums Herz, nachdem du losgelassen und abgegeben hast?

Präge dir dieses innere Bild und dein Erleben gut ein.

Bevor du deine Augen wieder öffnest, balle deine Hände ein paar Mal zu Fäusten und erlaube dir, dich zu strecken … und herzhaft zu gähnen.

Nimm dir nun direkt nach der Meditation Zeit und beschreibe das Bild sowie dein inneres Erleben in dieser Übung. Es ist mehr als nur ein Bild, es kann der Schlüssel sein für heilsames Loslassen, für Trost – und unerwartete Hilfe.

Präsent sein

Zeitlebens, und nicht erst, wenn Tiere auf ihre Vollendung hinleben, wünschen sie sich präsente Menschen. Menschen, die mit ihrer Aufmerksamkeit für einige Zeit ganz bei ihren Tieren sind, ohne konkrete Fragen zu stellen oder etwas zu erwarten.

Was meine ich mit Präsenz?

- Präsent sein bedeutet, bewusst weder an Vergangenes noch Zukünftiges zu denken. Wenn doch Gedanken und Gefühle auftauchen, nehmen wir sie zwar wahr, doch wir gehen nicht auf sie ein, sind ihnen nicht ausgeliefert.
- Ich werde BeobachterIn meiner Gedanken, bin nicht meine Gedanken, bin nicht der/die DenkerIn. Das Denken ist ein Teil von mir, ein wichtiger Teil, ja.
- Präsent sein bedeutet, sich bewusst zu sein, dass wir Geschöpfe der Liebe und des Mitgefühls sind. Wenn ich es schaffe, wenn auch nur für kurze Zeit, präsent zu sein, bin ich im Sein und in der Liebe, ja, dann bin ich Liebe!
- Präsent sein bedeutet, Leben vollständig anzunehmen, das Jetzt vollständig anzunehmen, ohne Bewertung, Ablehnung, ohne Anhaftung und ohne Verdrängung.
- Präsent sein bedeutet zu erfahren, dass es immer nur das JETZT, den gegenwärtigen Moment gibt. Wenn ich mich ständig in der Vergangenheit aufhalte oder überlege, wie es künftig sein wird, was passieren könnte, verpasse ich den gegenwärtigen Moment, das JETZT, mein Leben.

Tiere sind Meister im Präsentsein. Vielen Menschen fällt es auch leichter, in diesen Zustand zu kommen in Gegenwart eines Tieres oder auch einer Pflanze, eines Baumes, also in der Natur.

Wenn Sie nun in dieser Haltung mit Ihrem Tier zusammen sind, kann Ihr Tier Ihnen auf ganz subtile Weise seine Botschaften, Bedürfnisse etc. übermitteln, ohne dass Sie praktische Kenntnisse von telepathischer Tierkommunikation haben. Ich erzählte bereits von Ani, einer Albino-Tigerpython, mit der ich viele tiefgreifende Gespräche führen und ich in dieser Zeit unglaublich viele Koinzidenzen erleben durfte. Ani antwortete mir auf die Frage, wie es möglich sein kann, dass ich vor wenigen Minuten bereits das erlebte oder tat, was sie mir dann etwas später mitteilte:

„Ich lege meine Gedanken in deine Gedanken. Du denkst, es sind deine Gedanken. Macht nichts, Hauptsache, du handelst."

Ich finde diese Aussage so grandios einfach und gleichzeitig tiefgreifend, dass ich sie an dieser Stelle wiederholen wollte.

Das heißt, dass dieses Wesen mich in der Zeit, in der ich in seiner Nähe lebte, es besuchen und mit ihm sprechen konnte, Gegebenheiten arrangiert, Türen geöffnet hatte – und ich, hätte mich diese Python nicht eines Besseren belehrt, mich hätte rühmen können für meine Klugheit und mein Organisationstalent. Diese sind sicher auch vorhanden, doch es braucht die Inspiration, damit sich Klugheit und Talent sinnvoll ausdrücken können. Diese Inspiration kam damals sehr häufig von Ani. Und es waren segensreiche Inspirationen, das kann ich Ihnen versichern.

Andere Tiere formulieren es so, dass sie die Informationen über ihre Bedürfnisse oder Wünsche wie einen Samen in das Herz ihres Menschen legen, und dieser Same geht dann zur richtigen Zeit auf. Das bedeutet, dass die Tierbotschaft zur rechten Zeit ins Bewusstsein des Menschen tritt, so dass er handeln kann.

In diesem Zustand des Präsentseins sind Sie dann auch empfänglich für Hinweise Ihres Tieres, wenn es um seine Vollendung geht.

Eckart Tolle sagt in einem seiner Bücher, dass diese Präsenz das schönste Geschenk sei, das man einem Menschen machen kann – und ich füge aus meiner Erfahrung hinzu, dass es auch für unsere Tiere ein wertvolles Geschenk ist.

Wenn es in einem Tiergespräch darum ging, dass das Tier sich mehr Präsenz von seinem Menschen wünschte, habe ich diesem ausführlich erklärt, wie das geht und was dabei geschehen kann.

- In der Folge können Sie in dieser Präsenz einem anderen Wesen Liebe, Energie, Ihr Ohr, Ihr Auge, Ihr Herzensgewahrsein zur Verfügung zu stellen, ohne dass Sie ein Wort sprechen müssen, ohne dass Sie überlegen, was Sie antworten und raten könnten. Sie sind einfach nur offen, hören zu mit voller Aufmerksamkeit.
- Präsent sein kann dann, im Bewusstsein des eigenen Lichts, Licht in die Dunkelheit, ins Ungewisse, ins Ungelöste bringen.
- Präsent sein bedeutet, sich für das Höchstmögliche zu öffnen und zur Verfügung zu stellen, weit weg von Planung, Erinnerung, Zukunft und Vergangenheit, von Rechtfertigung und Erklärung, von Aktionismus, von Ratgeben und Belehren.
- Durch diese Präsenz kommen wir in Kontakt mit der allumfassenden Weisheit, der Weisheit unseres Herzens, und können dann die Schritte gehen, die sinnvoll sind, um irgendwo zu helfen, um etwas zu bauen oder zu pflanzen, um zu kochen, zu essen, um zu leben, um unser Tier zu begleiten. Dies fühlt sich für alle Beteiligten stimmig an und völlig anders als Aktionismus.

Die Tiere sind also in ihrer Präsenz und lieben es, wenn wir in ihrer Gegenwart auch präsent sind. Ich erlebe es so, dass bei einem solchen miteinander geteilten Präsenzsein noch viel mehr passiert, als unser bewusster Verstand mitbekommt. Ich ahne auch, dass in dieser Präsenz die Grenzen zwischen Leben und dem, was wir Jenseits nennen, aufgehoben sind. Ich erlebe dabei Gefühle der Leichtigkeit und Freude oder Zustände, die mit Worten nicht zu beschreiben sind. So fühlt es sich auch an, wenn ich mit Seelen in Kontakt bin, die den irdischen Körper abgelegt haben.

Das Üben dieser Präsenz können Sie immer wieder in Ihren Tagesablauf einbauen. Sie werden dadurch zentrierter, authentischer, intuitiver und offener für telepathische Botschaften unserer Nächsten, auch unserer Tiere. Eine Katze wünschte sich einmal von ihrer Menschenfreundin: *„Bitte lieber eine Minute achtsame Berührung* (also in voller Präsenz) *als zehn Minuten automatisches Kraulen"*, was diese häufig morgens beim Frühstück während des Zeitunglesens tat, wenn ihre Katze neben ihr auf der Bank lag.

Wenn wir ein Tier in seiner Vollendungsphase auf diese Weise, also präsent, begleiten, können wir darauf vertrauen, alles richtig zu machen, besser gesagt, im Sinne des Tieres zu handeln, das dabei ist, die Seinsebenen zu wechseln.

Anleitung: Verbindung mit dem gemeinsamen Seelenplan

Bitte lesen Sie diese Anleitung einmal ganz und betrachten Sie die Skizze auf der nächsten Seite vor der Übung einige Augenblicke lang. Sollten Sie die vorigen Seiten mit der Übung *Präsent sein* übersprungen haben, wäre es sinnvoll, diesen jetzt Ihre Aufmerksamkeit zu schenken.

Wenn es Ihnen für die folgende innere Vorstellung hilfreich erscheint, können Sie auch eine individuelle Skizze anfertigen und Ihren sowie den Namen Ihres Tieres in die Felder eintragen oder ein Foto Ihres Tieres in das eine Feld kleben.

Während der Übung kann Ihr Tier natürlich auf seinem Liegeplatz bleiben oder da, wo es sich gerade befindet. Sie können sich auch direkt vor den Platz setzen, an dem Ihr Tier gerade ruht, und sich dort die Lichtkreise vorstellen.

Nachdem du Platz genommen hast, achte auf eine bequeme Position, die dir dennoch eine aufrechte Haltung deiner Wirbelsäule ermöglicht. Wenn du auf einem Stuhl sitzt, stelle deine Füße parallel nebeneinander auf den Boden und achte auf guten Bodenkontakt.

Dann schließe deine Augen.

Beobachte deinen Atem eine Weile, ohne etwas zu verändern. Einfach beobachten – und entspanne dabei deinen Körper.

Dann nimm ein paar tiefe, bewusste Atemzüge – und lass anschließend deinen Atem wieder ganz natürlich fließen.

Stelle dir nun zwei Kreise auf dem Boden vor. Sie sind von einem zarten rosafarbenen Licht umrahmt. Die Kreise sind nah beieinander, können sich berühren, doch sie überlappen sich nicht.

Zuerst setzt du dich gedanklich in den einen Kreis. Dann bitte dein Tier, dich dir gegenüber in den anderen Kreis zu setzen oder zu legen, dies natürlich nur in deiner Vorstellung.

Werde dir bewusst, dass ihr beide mit Mutter Erde verbunden seid, dass sie euch beide trägt und hält. Atme in dein Herz hinein, spüre dein Herz.

Als Nächstes stellst du dir vor, wie von deinem Herzen über deinen Scheitel sowie vom Herzen deines Tieres über seinen Scheitel je eine Linie ausgeht, und wie beide Linien sich oben in der Mitte treffen, so wie es auf der Skizze dargestellt ist.

Diese Linien sind die Verbindung über euer Höheres Selbst mit dem Feld eures Seelenplans im geistigen Raum. Vielleicht kannst du diese Verbindungen innerlich sehen oder fühlen. Es ist jedoch nicht nötig, das innere Bild krampfhaft zu halten, wenn der Zugang einmal besteht.

Nun hast du alles installiert, was es braucht, du darfst zur Ruhe kommen, ein paar Mal tief durchatmen und ganz still werden.

Über diese Verbindung kannst du jetzt deine Dankbarkeit deinem Tier gegenüber in Worten oder Gefühlen ausdrücken, auch deine Freude über eure gemeinsame Zeit. Du kannst deinen Wunsch äußern, dich über euren gemeinsamen Seelenplan an seinem Seelenplan teilhaben zu lassen, dich wissen zu lassen, wie dein Tier seinen Weg gehen möchte. Ganz im Vertrauen darauf, dass dein Tier dir über dein Höheres Selbst Führung und Inspiration schenken wird.

Dann lass alle Fragen los. Sei präsent, so gut es dir möglich ist. Und halte diese Präsenz einige Minuten lang, genieße diese Verbindung.

In dieser Präsenz, in dieser Verbindung, kann dir dein Tier seine Gedanken in deine Gedanken oder dein Herz legen. Für deinen

Verstand sind diese Informationen vielleicht nicht gleich zugänglich. Doch zur rechten Zeit wird der gelegte Same aufgehen, die Information dir bewusst werden, und du wirst aus einer inneren Gewissheit heraus etwas tun oder etwas lassen – ganz im Sinne des gemeinsamen Seelenplanes.

Wenn dein Geist unruhig wird und du dich nicht mehr in deiner Präsenz halten kannst, beende diese Verbindung. Nimm ein paar tiefe Atemzüge, entlasse dein Tier dankend aus seinem Kreis, und auch du trittst aus deinem Kreis heraus. Wissend, dass du jederzeit wieder diese Verbindung aufbauen kannst.

Skizze Verbindung Seelenplan

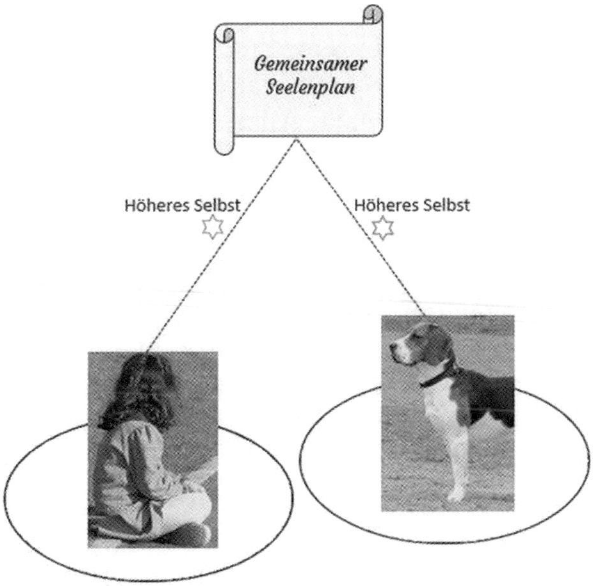

Kapitel XI
Empfehlungen und Hilfe bei Euthanasie

Ich erwähne es immer wieder und wiederhole auch an dieser Stelle meine Empfehlung: Klären Sie Ihre innere Einstellung und die der anderen menschlichen Bezugspersonen. Nehmen Sie die Einladung, ja, Aufforderung der Tiere an, den Tod als eine Geburt zu betrachten. Und es ist wünschenswert, dass alle menschlichen Bezugspersonen bei einer Sterbebegleitung und Sterbehilfe im Einklang sind.

Wenn Sie Ihrem Tier auch in dieser Lebensphase herzliche Zuwendung und Aufmerksamkeit schenken, auf die ich in diesem Buch eingegangen bin, ist das meiner Meinung nach ebenfalls eine schöne Form von Dankeschön für das, was es für Sie tat, was es Ihnen abgenommen und was es Ihnen als Vermächtnis hinterlassen hat – ob Sie nun genau wissen, was es ist oder nicht. Und, das weiß ich von meiner Katze Maja: Alles, was wir für unsere Tiere tun, tun wir (auch) für uns selbst! Die Energie, die Liebe, die wir einbringen, fließt zurück – irgendwie, irgendwann.

Viele Tiere im Vollendungsprozess beklagten, dass es nur noch um ihre Krankheit ging, die ganze Aufmerksamkeit der Menschen sei auf ihre Symptome gerichtet, energetisch geladen mit Ängsten und Sorgen. Die Tiere wünschten sich, auch wenn die Krankheit schwer und unheilbar war, dass auch noch das Schöne, das Heile, das Funktionierende bei ihnen gesehen würde, energetisch getragen von Liebe, Dankbarkeit und Freude über die gemeinsame Zeit, über das Jetzt.

Spätestens wenn die Zeichen deutlich sind, dass das Leben Ihres Tieres bald abgeschlossen ist, auch bei schwerer Krankheit, fragen Sie Ihr Tier oder bitten Sie eine/n Tierkommunikatoren/in Ihres Vertrauens darum, Ihr Tier zu fragen, ob es eher allein sterben kann oder ob aktive Sterbehilfe, also die Euthanasie in Frage kommt.

Bringen Sie in dieses Gespräch auch klar Ihre Möglichkeiten oder Beschränkungen ein.

Wenn aktive Sterbehilfe, also Einschläfern, wirklich nötig sein sollte, möge dies sehr gut vorbereitet werden, vorausgesetzt natürlich, es ist kein Unfall – oder eine andere aktuelle gesundheitliche und schmerzvolle Situation, in der Sie ganz schnell entscheiden müssen.

Für einen solchen möglichen Fall möchte ich Ihnen nahelegen, dass Sie sich bald einmal die Zeit nehmen, sich eine Akutsituation vorzustellen und zu überlegen, wie Sie darauf reagieren könnten, worauf Sie achten würden, was wichtig für Sie wäre, was aus Ihrer Sicht wichtig für Ihr Tier wäre, was für alle Bezugspersonen Ihres Tieres wichtig wäre, damit Sie sich in dieser Situation nicht völlig überrumpelt, damit überfordert und ohnmächtig fühlen und nur noch nicken, wenn der Tierarzt rät, das Tier nun zu erlösen.

Kreieren Sie innerlich ein kurzes Abschiedsritual für einen Notfall. Vielleicht kennen Sie auch ein passendes Gedicht oder Bild eines Künstlers, das Sie als inneren Anker und zur Verbindung mit Ihrem Tier wählen könnten, wenn ein solcher Fall eintritt. Oder üben Sie immer wieder eine mentale Methode ein (siehe *Kapitel IX*), die Ihnen helfen kann, auch in einem Augenblick der Not inspiriert und im Sinne des Tieres handeln zu können. Prägen Sie sich gut ein, was Sie erarbeitet haben, ja, schreiben Sie es auf. Dann bleibt es besser in Erinnerung.

Zum Abschluss dieser emotionalen Herausforderung empfehle ich Ihnen, sich zum Ausgleich eine Situation mit Ihrem Tier vorzustellen, die voller Lebensfreude, Gesundheit, Vitalität und Glück ist für alle. Begeben Sie sich emotional ganz hinein, bis alles Schwere und Traurige aus der vorigen Vorstellung aufgelöst ist. Und lassen Sie die Dankbarkeit für Ihr Leben, für das Leben Ihres Tieres und Ihre gemeinsame Zeit sich in Ihrem ganzen Körper ausbreiten bis in die kleinste Zelle hinein.

Wenn Sie Zeit haben für die Vorbereitung, rate ich, einen Tierarzt oder eine Tierärztin zu finden, die/der für die Euthanasie zu

Ihnen nach Hause kommt. Bei großen Tieren wie Pferden sollte dieser Akt, wenn irgendwie möglich, auch in einem vertrauten Umfeld stattfinden.

Erzählen Sie Ihrem Tier rechtzeitig von diesen Vorbereitungen oder nutzen Sie auch hier die Möglichkeit einer professionellen Tierkommunikation. Eine Überraschungsaktion ist würde- und respektlos. Wer glaubt, das Tier kriegt nicht mit, was da auf es zukommt, hat sich getäuscht, auch wenn man krampfhaft versucht, nicht darüber zu sprechen.

Gut vorbereiten heißt auch, Zeit zu haben, um die Wünsche, die das Tier mit Hilfe der Tierkommunikation geäußert hat, umzusetzen:

- Manche Hunde wollen noch eine Abschiedsrunde draußen gehen, die geliebten Plätze und Tierfreunde noch einmal sehen.
- Manche Tiere wünschen sich, dass alle Familienmitglieder beim Einschläfern dabei sind
- und dass es ein feierlicher Akt mit Kerzen und Musik sein soll.

Ich weiß es hauptsächlich durch Tiermitteilungen, dass viele Tierärzte mit dem Einschläfern überfordert sind und an ihre Grenzen kommen, auch wenn sie es nicht zugeben können oder wollen. Sie können diese Menschen entlasten, indem Sie Ihnen gegenüber aussprechen, dass Sie die Verantwortung mit übernehmen, dass Sie sich diesen Schritt reiflich überlegt und natürlich das Tier gefragt haben. Geben Sie die Verantwortung nicht allein in die Hände der Ärzte, denn sie können sie nicht tragen, selbst wenn sie so tun! Sprechen Sie offen darüber, wie dieses Einschläfern vor sich gehen soll, und zwar in Anwesenheit des betroffenen Tieres und seiner Tiergefährten, wenn es welche gibt.

Ich wurde vor einiger Zeit auf einen Artikel in der Neuen Zürcher Zeitung vom 01.02.2019 (Link siehe Anhang) aufmerksam gemacht, in dem die Autorin die sehr hohe Selbstmordrate bei Tierärzten zu erklären versucht.

Braucht es eher eine sehr stabile Seelenstruktur oder eine dicke Haut, braucht es die Fähigkeit zu verdrängen oder den Glauben an eine Unfehlbarkeit – oder von allem etwas, um mit der Euthanasie, etwas Alltäglichem in einer Tierarztpraxis oder Tierklinik, zurechtzukommen? Ich habe beim besten Willen keine Antwort darauf. Doch ich kann mir die im Laufe der Berufsjahre wachsende Überforderung vorstellen, selbst wenn sie nicht bewusst wahrgenommen wird.

Deshalb mein Rat: Suchen Sie das Gespräch möglichst rechtzeitig, damit Sie einschätzen können, ob dieser Tierarzt/diese Tierärztin offen ist für Ihre Gedanken und Bedenken, möglichst auch für die Wünsche, die ein Tier in einer telepathischen Kommunikation äußert. Bringen Sie ebenfalls zum Ausdruck, dass Sie die Verantwortung übernehmen oder mit übernehmen, je nach Situation.

Wenn meine Empfehlung des Segnens in Ihnen Resonanz fand (siehe *Kapitel IX*), segnen Sie die Tierärzte, segnen Sie ihr Wissen und ihre Handlung, segnen Sie Ihr Tier und segnen Sie sich selbst.

Meine Erfahrung hat gezeigt, dass große Tiere, also ab mittelgroßem Hund aufwärts, sich bewusst sind, dass sie mit ihrem sehr kranken, pflegebedürftigen und später dann auch leblosen Körper eine große Herausforderung für die Menschen sein können. Es braucht eventuell viel Kraft, sie zu tragen oder umzubetten. Vielleicht wohnen sie ja auch nicht im Erdgeschoss und müssen ihren Hund einige Treppen hochtragen. Die Tiere wollen ihren Menschen auch nicht immer zumuten, ihren Urin und Kot wegzuräumen oder volle Hundewindeln auszuwechseln. Für manche Hunde ist das auch ein Würdeverlust. Da sie sich nicht wie Wildtiere zum Sterben draußen in die Natur zurückziehen können, willigen sie auch aus diesem Grund zur aktiven Sterbehilfe ein.

Bei Pferden ist auch die Frage, wie man den leblosen Körper aus dem Stall herausbringen kann. Pferdehalter stehen da vor einer besonderen Herausforderung. Ich durfte einmal einer Tierkommunikationskollegin mit einem von mir geführten Tiergespräch beistehen, als es bei einem ihrer Wallache in die Vollendungsphase ging. Da erfuhr ich erst, was bei der Vorbereitung der Sterbehilfe für ein Pferd und dem Umgang mit einem toten Pferdekörper alles bedacht werden muss. Wenn ein Pferd Ihr Tierbegleiter ist, werden Sie diese Fragen sicher kennen und sich rechtzeitig informieren. Was ich jedoch bisher an Empfehlungen gab, gilt auch für große Tiere wie Pferde.

Bis auf wenige Ausnahmen wollten Katzen und noch kleinere Tiere wie Kaninchen oder Meerschweinchen, die ich nach ihren Wünschen bei der Vollendung fragen durfte, aus eigener Kraft gehen.

Sehr wichtig ist auch im Vorfeld zu klären, welche Art von Narkosemittel der betreffende Tierarzt bei der Euthanasie benutzt. Über eine Klientin wurde ich darauf aufmerksam gemacht, dass häufig noch das Mittel T61 verwendet wird. Bei Recherchen im Internet fand ich folgenden Text (neben vielen anderen ähnlichen Meinungen):

„Vielleicht ist euch die Tatsache bekannt, dass es verschiedene Möglichkeiten gibt, ein Tier einzuschläfern. Wenn wir uns schon so entscheiden müssen, sollten wir aufpassen, dass die Ärzte auch mit den richtigen, sanften Mitteln einschläfern!

Das Mittel T61 wird immer noch häufig benutzt, obwohl es äußerst umstritten ist! Meistens wird es direkt ins Herz oder in die Lunge gespritzt, was für das Tier sehr schmerzhaft ist!

Anschließend erfolgt eine komplette Lähmung, aber dies bei vollem Bewusstsein! Äußerlich kann man wegen dieser Lähmung den Todeskampf nicht erkennen, aber er findet statt, und zwar sehr qualvoll! Der Besitzer glaubt, dass das Tier friedlich eingeschlafen ist, aber das ist nicht der Fall! Eine echte Horrorvorstellung! Dieses Mittel gehört komplett verboten, auch wenn es in die Vene oder in den Muskel gespritzt wird!

Viele Tierschützer und auch Ärzte haben sich gegen dieses Mittel ausgesprochen. Falls überhaupt, sollte es nur nach vorange-

gangener Narkose gespritzt werden! Es gibt andere, bessere Mittel, wie z. B. Eutha77. Besteht unbedingt auf einer Narkose vorweg, egal welches Mittel benutzt wird! Sprecht euch gegen einen Stich ins Herz oder in die Lunge aus!

Eine sanfte Einschläferung erfolgt in zwei Schritten durch die intramuskuläre Verabreichung von Narkosemitteln."

Bitte informieren Sie sich also ganz genau! Holen Sie auch Zweit- oder Drittmeinungen ein, wenn Sie sich unsicher fühlen. Denn jede/r Arzt/Ärztin wird das Mittel, das sie/er verwendet, rechtfertigen und gutheißen und Sie zu überzeugen versuchen.

Kapitel XII
Die Bestattung

Bevor ich Ihnen einige praktische Hinweise gebe, möchte ich Sie an einer persönlichen und tiefgreifenden Erfahrung teilhaben lassen.

Ein weiterer Bewusstseinsschritt

Mangels eines eigenen Gartens hatte ich die Körper von Purzel und Lucina einäschern lassen. Lucinas Körper brachte ich selbst in das nächstgelegene Krematorium in Schramberg im Schwarzwald und vereinbarte einen Termin, um bei ihrer Feuerbestattung dabei sein zu können. Das war damals sehr wichtig für mich.

Es war alles sehr liebevoll vorbereitet, Lucina lag aufgebahrt in einem kleinen angenehm ausgestatteten Raum. Ich konnte ihren Körper, der nach fünf Tagen Kühlung noch ganz frisch aussah, noch einmal sehen, berühren, ihn mit Blüten schmücken, bevor er dem Feuer übergeben wurde. Wenige Stunden später wurde mir die noch warme Asche überreicht. Die Urne stellte ich neben die etwas kleinere mit der Asche von Purzel zu Hause in ein Regal.

Zwei Jahre später und während ich dieses Buch schrieb, dabei ganz selbstverständlich immer wieder auch persönlich tief in das Thema Sterben und Tod eintauchte, nahm ich beim Blick auf die beiden Urnen eine Art Stagnation wahr, als hielte da etwas einen natürlichen Prozess auf, als riefen mich die Aschemoleküle: „Wir wollen hier raus, zurück in die Erde, in den Kreislauf der Elemente, dorthin gehören wir!“ Kurz vor Fertigstellung dieses Buches im August 2020 folgte ich endlich diesem Ruf.

In den Monaten davor verbrachte ich einige Wochen in Klausur bei Freunden am Bodensee. Dort, meistens vor ihrem Gartenhaus am Waldrand mit weitem Blick über den See bis zur Insel Mainau sitzend, konnte ich mich ganz auf das Schreiben dieses Buches konzentrieren. Täglich kam ich auch am Grab ihres im Frühjahr verstorbenen Hundes Pablito vorbei, das sich in der Nähe des Gartenhauses befand. Ich zupfte dann entweder eine welke Blüte ab oder goss die Pflanzen innerhalb der lockeren Steinumrandung. Ich hatte Pablito dabei vor Augen, wie ich ihn zu Lebzeiten kannte, und führte auch manchmal einen kurzen inneren Wortwechsel mit ihm. Dabei musste ich lächeln.

An Pablitos Grab stellte ich mir manchmal vor, wie es sich anfühlen würde, wenn es Gräber von Purzel und Lucina wären, wenn ich die Blumen auf den Gräbern pflegen und mich dabei an die so kostbare Zeit mit ihnen erinnern würde, an ihre Besonderheiten, an ihre Liebe … Und ich musste lächeln. Beim Anblick der Urnen im Regal gelang mir das nicht.

Wenige Tage vor Abgabe des Buchskripts ging ich, mit Blick auf die Urnen, in Seelenkontakt mit Purzel und Lucina. Sie erklärten mir die Wichtigkeit der Rückgabe ihrer verbrannten Körper an die Erde:

„Das, was die Erde gebiert, soll ihr wiedergegeben werden. Die Menschen nehmen so viel von ihr, raffen es an sich und glauben so, etwas zu besitzen, über etwas verfügen zu können. Doch die Balance ist verloren, und Erde holt es sich auf andere Weise zurück, oder, was viel Gravierender ist, sie kann die neuen Körper nicht optimal ausstatten, sie kann ihre Früchte und alle Pflanzen nicht mehr optimal ausstatten. Also gebt so viel wie möglich an Mutter Erde zurück.

Asche ist ein hochkonzentriertes und energetisiertes ‚Lebensmittel' für Mutter Erde, die Seelen haben in ihr ihre irdische Geschichte, ihre irdische Liebe und Hingabe hinterlassen. All dies wird in der Erde aktiviert, Erde empfängt Segen durch die Asche (bzw. durch den Körper bei einer Erdbestattung). Das, was die Seele an Erfahrungen mitnimmt, wird im Geistigen archiviert." – „Auf diese Weise entsteht wieder etwas Ganzes, ein energetisches Abbild aus den Polen Materie und Geist", ergänzte die Seele der Hündin Lilly, mit der ich am selben Tag Kontakt hatte und deren Asche ebenfalls in einer Urne wartete. Diese Hündin hatte zum

Zeitpunkt ihres Todes vor acht Jahren ihre Wiederkehr angekündigt. „... *Es ist für eine Seele leichter, wieder zu inkarnieren, wenn alles aus dem irdischen Vorleben, also das Stoffliche sowie die an das Stoffliche gebundenen Gefühle, Erfahrungen und Erlebnisse, von der Erde aufgenommen werden konnten, egal ob als Körper oder als Asche.*"

„*Es geht dir, liebste Rose*", ergänzten Lucina und Purzel, „*wirklich nichts verloren, außer der Illusion bzw. dem Irrtum, dass Asche in einer Urne auf Dauer gut aufgehoben ist. Du wirst die Erleichterung spüren, nachdem du uns als Energie in Ascheform der Erde übergeben hast. Wir warten schon darauf, anerkennen jedoch auch deine Bewusstseinsschritte bis hierher.*"

Sogleich erwarb ich in einer Gärtnerei zwei Sonnenblumen zum Einpflanzen. Dann trug ich die Urnen in den Garten, holte einen Spaten aus dem Keller und hob eine kleine sowie eine etwas größere Grube aus.

In einer Verschnaufpause spürte ich noch einmal in mein Tun hinein, und ich wappnete mich angesichts möglicher starker Emotionen. Doch es blieb ganz ruhig in mir, sogar als ich die Aschen aus den Urnen in die kleinen Gruben füllte. Es war zu meinem großen Erstaunen eher so, als würde ich gerade das Natürlichste und Selbstverständlichste der Welt tun. Es blieb auch ruhig in mir, als ich die Aschen mit Erde bedeckte und die Sonnenblumen darüber einpflanzte, die Purzel und Lucina sich gewünscht hatten. Immer noch in stiller Gelassenheit reihte ich die vorher gesammelten Steine als Abgrenzung zum Rasen auf, lockerte die festgetretene Erde auf und entfernte Grasreste sowie trockene Blätter. Dann setzte ich mich auf einen Gartensessel und betrachtete mein Werk.

Ich merkte, dass ich lächelte. Ich erinnerte mich auch an mein Lächeln an Pablitos Grab und meine Vorahnung, dass ich angesichts der kleinen Gräber von Purzel und Lucina ebenfalls lächeln würde. Doch die Leichtigkeit, die ich nun spürte und immer noch spüre, hat eine Qualität, die weit über „sich leicht fühlen" hinausgeht.

Es ist eine Leichtigkeit voller Frieden und der Gewissheit: Jetzt ist es rund. Jetzt ist es so, wie es sein will. Jetzt fließt es.

Meine Freundin und Mitbewohnerin, die ebenfalls seit Jahren zwei Urnen aufbewahrt und während meiner Aktion noch ziemliche Bedenken hatte, überraschte mich am Folgetag mit einem liebevoll gestalteten Plätzchen in einem anderen Bereich des Gartens, wo sie die Asche ihrer Tiergefährten Fox (ja, der Fox aus diesem Buch) und Katze Chrissy der Erde übergeben hatte. Diese neue Leichtigkeit ist also ansteckend …

Majas Körper hatte ich – etwa 20 Jahre ist es her – an einer geheimen Stelle im Wald begraben. Immer wenn ich bei meinen Spaziergängen hier vorbeikam, sollte ich mich an ihre Schönheit erinnern. Für ihre Seelenbesuche bei mir sollte ich ein Körbchen in mein Herz stellen. So hatte sie es sich gewünscht. Ich lebte seitdem an verschiedenen anderen Orten, doch das Körbchen befindet sich noch immer in meinem Herzen, die Erinnerung und mein Dank an sie sind immer wieder mit starken Gefühlen präsent.

Bestattungsmöglichkeiten

Die Frage, ob Sie Ihr Tier nach seiner Vollendung einäschern oder begraben sollen, wird häufig allein schon durch äußere Gegebenheiten beantwortet, z. B. dadurch, dass Sie in einer Stadt wohnen und weder einen eigenen Garten noch einen Tierfriedhof in der Nähe haben.

Die meisten Tierkrematorien bieten die Abholung des Tierkörpers, die Einzelkremierung mit Rückführung der Asche oder eine Sammelkremierung ohne Rückführung der Asche an. Es ist auch möglich, bei der Einzelkremierung persönlich anwesend zu sein und die Asche anschließend mitzunehmen.

Tierkliniken und Tierarztpraxen arbeiten oft mit Tierkrematorien oder Tierbestattern zusammen. Bei dem Verband der Tierbestatter können Sie sich über alle Möglichkeiten, die es in Ihrer Situation und Ihrer Region gibt, erkundigen.

Wenn Sie jedoch eine Wahl haben, spüren Sie gut in sich hinein, was für Sie und evtl. auch für Ihre Familie am stimmigsten sein könnte. Um Ihre Entscheidungsfindung zu unterstützen, hatte ich eine persönliche Erfahrung mit Ihnen geteilt.

Tierfriedhöfe sind Alternativen zum Grab im eigenen Garten, wenn Sie sich mit einer Feuerbestattung nicht anfreunden können. Doch häufig befinden sich solche Friedhöfe nicht gerade in der Nähe des eigenen Wohnortes. Ich habe neulich von einer Klientin gehört, dass sie die Urne mit der Asche ihres Hundes in einem Friedwald unter dem Baum, unter dem die Urne ihres verstorbenen Mannes begraben wurde, beisetzen durfte. Als ich daraufhin im Internet recherchierte, fand ich tatsächlich Adressen von Friedhöfen für Urnenbeisetzungen für Mensch und Tier. Auf der Homepage von TASSO werden ebenfalls Möglichkeiten der Bestattung von Mensch und Tier aufgeführt.

Adressen von Tierfriedhöfen und Krematorien in Ihrer Nähe finden Sie übers Internet – oder fragen Sie im Rathaus Ihrer Gemeinde oder Stadt danach.

Ob Sie den Körper Ihres Tieres in Ihrem eigenen Garten begraben dürfen, erfahren Sie entweder im Rathaus Ihrer Gemeinde oder Stadt, oder Sie suchen im Internet nach dem in Ihrem Bundesland gültigen Tierkörperbeseitigungsgesetz (TierKBG). Die Regeln können in zusätzlichen kommunalen Verordnungen voneinander abweichen, sind regional also unterschiedlich. Wenn Ihr Grundstück nicht in einem Wasserschutzgebiet liegt und wenn Sie einige Vorschriften, z. B. den Abstand eines Grabes zum Nachbargrundstück oder die Tiefe des Grabes einhalten, dürfen Sie, so der aktuelle Stand, den Körper Ihres Tieres im eigenen Garten zur letzten Ruhe betten. Für das Bestatten von Asche sind mir keine Einschränkungen bekannt. Wenn Sie die Asche in einer Urne der Erde übergeben wollen, sollte diese aus kompostierbarem Material sein (siehe „Hilfreiche Links“ im Anhang).

Wenn Sie das Begräbnis Ihres Tieres oder eine Urnenbeisetzung in einem feierlichen Rahmen gestalten möchten und professionelle

Hilfe dafür wünschen, finden Sie im Internet einige Anbieter mit Dienstleistungen wie Blumenschmuck, Urnen, Grabmale, Erinnerungsschmuckstücke, Adressen von professionellen Trauerredner/innen und vieles andere mehr. Der „Bundesverband der Tierbestatter e. V." stellt auf seiner Homepage ebenfalls eine umfangreiche Ratgeberseite rund um das Thema zur Verfügung.

In manchen Städten/Gemeinden braucht es eine Sterbebescheinigung vom Tierarzt bzw. eine Kremierungsbestätigung zur Vorlage auf dem Rathaus, um sich von der Hundesteuer (Pferdesteuer ist bislang noch nicht bundesweit eingeführt) und von der Hunde- bzw. Pferdehaftpflichtversicherung abmelden zu können.

Eine Einladung: Denken Sie bei all Ihrer Traurigkeit und dem Abschiedsschmerz auch immer wieder daran: Es ist/war eine Geburt! Ihr geliebtes Tier wurde auf der anderen Seite in Licht und Liebe, mit Freude und Jubel empfangen, ist ganz in die Glückseligkeit eingegangen.

Nachwort und Dank

Seit Ende Mai 2020, beginnend mit einer dreiwöchigen Auszeit am Bodensee und weiteren kürzeren Rückzügen, befasste ich mich mit dem Schreiben dieses Buches. In diesen zurückliegenden Monaten wurde ich immer wieder und so tief von der reinen Energie und Liebe der Tierseelen berührt, deren Botschaften Sie in diesem Buch lesen können, wodurch mir einmal mehr bewusst geworden ist, wie glücklich ich mich schätzen kann, dass mir der Zugang zu den Gedanken und Gefühlen der Tiere mitgegeben und ich ihn zu meinem Beruf machen konnte. Wie Amelia Kinkade habe auch ich seit langem Verbindung zu dieser magischen Welt voller Schönheit und Liebe, einer Welt, in der es normal ist, mit Tieren zu sprechen, sie zu verstehen und an ihrer Weisheit teilhaben zu dürfen. Das ist eine Art von Reichtum, den mir niemand nehmen kann und der sich mit jedem Tiergespräch vermehrt.

Dass ich in dieses Buch nun noch eine ganz aktuelle und sehr persönliche Erfahrung mit der Beisetzung von Purzels und Lucinas Aschen und die so wertvollen Hinweise ihrer Seelen einbringen und mit Ihnen, liebe Leserinnen und Leser, teilen kann, macht es für mich rund. Es ist ein großes Geschenk für mich, diese Veränderung hin in die Leichtigkeit spüren zu dürfen – angesichts eines Themas, das doch meist noch mit Schwere und allzu menschlichen begrenzten Vorstellungen belastet ist. Mit diesem Geschenk ist mein innerer Reichtum wieder um ein enormes Stück gewachsen.

So gilt mein allerherzlichster Dank diesen wundervollen Wesen und Tierseelen, die mich in meinem Alltag begleitet, geleitet, berührt, gelehrt, geliebt, mich von einengenden Gedanken und Vorstellungen befreit und mein Bewusstsein damit so sehr geweitet haben. Mit Namen nennen möchte ich meine Tiergefährtinnen und -gefährten in der Reihenfolge, wie sie zu mir kamen und bei mir lebten: Chali und Chalou, Voltaire, Maja, Lena, Purzel, Lucina, Birdy und Ruby. Mit Namen auch euch: Fox, Bijou, Teddy, Asta, Tilli, Birma, Mabel, Nero, Monty, Eny, Ella, Abayomi, Nala, Xena, Vikor, Nina, Cobi, Nemo, Yellow Medicine Dancing Boy,

Pablito, Milla, Blacky, Lilly. All eure Worte der Liebe und Weisheit, all eure Botschaften in diesem Buch mögen direkt den Weg in die Herzen der Leserinnen und Leser finden. Herzensdank auch all den vielen anderen Tieren, die mir ihre Gedanken und Gefühle anvertrauten, ihre Menschen an ihrer Weisheit teilhaben ließen und damit andere Sichtweisen eröffnet und sogar Heilung ermöglicht haben. Ich weiß, dass dieser Dank ankommt, auch wenn keines dieser Tiere meine Danksagung lesen wird.

Es gibt natürlich auch viele Menschen, denen ich von ganzem Herzen danken möchte, beginnend mit meiner weltberühmten Lehrerin und Kollegin Amelia Kinkade, die sich nach all den Jahren noch so lebendig an mich erinnerte. Sie wollte die im Juni 2020 verfügbare Rohfassung meines Buchskripts lesen, das ich mit Hilfe eines Online-Übersetzungsprogramms ins Amerikanische übersetzte … und Amelia überraschte mich dann mit einem Beitrag für mein Buch, der mich schlichtweg überwältigte. Daraus entstand die Idee für eine Vor-Geschichte …

Für ihre Vorworte bedanke ich mich ebenfalls herzlich bei meiner sehr geschätzten Kollegin Renate Dimter sowie meinem langjährigen Klienten Peter Freitag, mit dem ich so schön über Gott und die Welt reden kann. Auch an Eveline und Thomas Jaenecke (erst Klienten, nun Freunde) denke ich voller Dankbarkeit, denn sie ermöglichten mir die Auszeit im Sommer 2020, da sie fanden, dass dieses Buch nun endlich geschrieben werden sollte.

Euch, meinen Freundinnen und Freunden, die ihr immer wieder meine Begeisterung über erhaltene Tierbotschaften und die wunderbaren Koinzidenzen in meinem Berufsalltag, doch auch meine Bedenken, Sorgen und Selbstzweifel geduldig angehört habt: ein herzliches DANKE. Dank auch an alle menschlichen Gefährtinnen und Gefährten meiner tierlichen Mitautorinnen und Mitautoren für ihr Vertrauen in die Tierkommunikation und in meine Arbeit.

Sie, liebe Gertraud Reichel, waren schon immer meine Wunschverlegerin. Danke, dass Sie mir – zusammen mit Ihrem Team – diesen Wunsch erfüllt haben.

Literaturhinweise

Die kleine Auswahl an Literaturempfehlungen, die Sie hier vorfinden, mag Ihnen eine erste Orientierung geben und Sie anregen, sich tiefer mit einem Thema zu beschäftigen. Da es in meinem Leben bislang Hunde- und Katzengefährten waren und Hunde, Katzen sowie auch Pferde meine häufigsten „Gesprächspartner" sind, beziehen sich die Literaturhinweise meist auf diese Tierarten. Doch Sie werden auch viele Ratgeber für die Begleitung und Therapie von Tieren anderer Arten finden.

Tierkommunikation

Fröhling, Ingrid Rose, *UnGEHÖRTES. Tierbotschaften: Heilungsimpulse für Mensch und Tier*, tao Verlag, 2014. Bestellung per Mail an: froehling@lioness-tierkommunikation.de

Kinkade Amelia, *Tierisch gute Gespräche – Lerne mit Tieren zu sprechen – Sie antworten Dir*, Reichel Verlag, 2020

Kinkade, Amelia, *Tierisch einfach – WARUM und WIE Sie Tiere verstehen und mit ihnen sprechen können*, Reichel Verlag, 2020

Kinkade, Amelia, *Tierkommunikation mit Gänsehaut*, Reichel Verlag, 2017

CDs Heilsame Klänge

Fröhling/Majrich, *Heilsame Klänge für Tiere CD 1*, Reichel Verlag, 2013

Fröhling/Majrich, *Heilsame Klänge für Tiere CD II, Vollendung, Loslassen, Neubeginn*, Reichel Verlag, 2016

Medialität, Segnen, Beten

Braden, Gregg, *Verlorene Geheimnisse des Betens – Die verborgene Kraft von Schönheit, Segen, Weisheit und Schmerz*, Echnaton Verlag

Pradervand, Pierre, *Segnen heilt – Wie dein Segen die Welt verändert und dich selbst*, Reichel Verlag, 2018

Pradervand, Pierre, *Segne diesen Moment – Wie wir uns jeden Tag heilen können*, Reichel Verlag, 2019

Smith, Gordon, *Das Medium in dir und wie du es erweckst*, Reichel Verlag, 2020

Tolle, Eckart, *Eine neue Erde*, Arkana Goldmann, 2005

Walsch, Neale Donald, *Zuhause in Gott*, Goldmann Arkana Verlag

Therapien, Heilmethoden

Assel, Christian, *Gehen heißt Verstehen WALKING-IN-YOUR-SHOES*, Windpferd Verlag 2010

Genneper/Kamphausen, *Wenn Tiere ihre Menschen spiegeln*, Aquamarin Verlag

Ingerman, Sandra, *Die schamanische Reise*, Ansata Verlag

Leas, Adele, *JIN SHIN JYUTSU For Your Animal Companions*, kindle

ViaNova 2015

Ulmer, Günter A., *Die Gesundheit finden mit Flor Essence – Die ganzheitlichen Heilkräfte der Natur nach einer indianischen Volksmedizin*

Waldermann-Scherhak, Sandra, *Quantenheilung für Haustiere*, Schirner Verlag

Häusler, Kerstin, *Energetische Hilfen für Dein Tier*, Reichel Verlag

Bachblüten

Kraa, Gisela, *Bach-Blüten für Katzen*, Kosmos, 1996

Meyerdirks-Wüthrich, Ute, *Bach-Blüten für Pferde*, Kosmos, 2004

Scheffer, Mechthild, *Bach-Blütenbilder*, Irisana, 1998

Stein, Petra, *Bach-Blüten für Hunde*, Kosmos, 1997

Homöopathie/Schüßler-Salze

Geiger, Gisela Elisabeth, *Die Schüßler-Mineralsalze*, Knaur MensSana

Wolff, H. G., *Unsere Katze – gesund durch Homöopathie*, Sonntag Verlag

Wolff, H. G., *Unser Hund – gesund durch Homöopathie*, Sonntag Verlag

Bezugsquellen, hilfreiche Links

Blütenessenzen auf Solebasis: Noemi Florasole Blütenessenzen www.nuhrovia.com/product-category/bluetenessenzen

Effektive Mikroorganismen: www.emiko.de

Farbige Glühbirnen: www.westfalia.de/shops/garten/gartenbeleuchtung/party_beleuchtung/partylampen_und_leuchten

Heilimpulse zum Aufsprühen/Spray: Weitere Infos erhalten Sie bei der Autorin: Mail: froehling@lioness-tierkommunikation.de

Kolloidales Gold und Silber: www.colloidalgold-silver.com

Rechtsregulat für Tiere: www.gesundheit-ja-bitte.com/shpSR.php?A=120&p1=692

Urnen, persönlich gestaltet: mit-meinen-haenden.de

Vitalpilze für Tiere: www.mycovital.de

Weizen-/Gersten-/Dinkelgras: www.sanos-online.de

Budwig-Diät: www.dr-johanna-budwig.de www.gesundheit-ja-bitte.com/shpSR.php?A=120&p1=692

www.tierbestatter-bundesverband.de

Trauerrednerin Birgit Proske: www.trauerrednerin-proske.com/

www.tasso.net

de.wikipedia.org/wiki/Heilmittelwerbegesetz

www.nzz.ch/gesellschaft/tieraerzte-hoechste-suizid-rate-in-diesem-berufsfeld-ld.1455507

www.kaninchenraum.de/kaninchen/kaninchenkrankheiten/zahnfehlstellungen-bei-kaninchen

Die Autorin

Ingrid Rose Fröhling (*1953)

Feinfühlig und hellsichtig von Kind an nutzt sie ihre medialen Fähigkeiten seit 2002 beruflich als Tierkommunikatorin. Sie bietet zudem Seminare an über Tierkommunikation, Bachblüten für Tiere, Mentale Heiltechniken, Potentialorientiertes Coaching für Tierhalter sowie begleitende Themen – vor Ort oder online, in Gruppen oder Einzelvermittlung.

Ihre Klangschalen-CDs *Heilsame Klänge für Tiere I* und *II*, initiiert von Tieren durch ihre Hinweise auf die heilsame Wirkung bestimmter Töne und umgesetzt in Zusammenarbeit mit dem Klangschalenmusiker Lucien Majrich, helfen Tieren und Menschen, unerwartete und schwierige Situationen zu meistern und zu entspannen. Ferner schrieb sie mehrere Kurzgeschichten, verfasste als Co-Autorin zwei Ratgeberbücher über den therapeutischen Einsatz von Farbe und Licht und veröffentlichte 2014 ihr erstes Buch über ihre Erfahrungen als Tierkommunikatorin: *UnGEHÖRTES. Tierbotschaften: Heilungsimpulse für Mensch und Tier.*

Kontaktadresse für Termine, Seminare, Konsultationen:
Mail: froehling@lioness-tierkommunikation.de
Homepage: www.lioness-tierkommunikation.de

Ingrid Rose Fröhling

Heilsame Klänge für Tiere I

Zwei außergewöhnliche Klangschalen-Kompositionen, die bei kleinen und großen Tieren tief entspannend wirken: In Stresssituationen, bei Ängsten und Krankheit werden sie ebenso eingesetzt wie bei langen Autofahrten, bei Konflikten zwischen Tieren in Tierheimen und Ställen, aber auch bei der Therapie in Tierpraxen und -kliniken.

ISBN 978-3-941435-17-9 € 12,50

Ingrid Rose Fröhling

Heilsame Klänge für Tiere II

Vollendung, Loslassen und Neubeginn

Die Klänge dieser Komposition wirken unterstützend und entspannend bei kleinen und großen Veränderungen im Leben eines Tieres, bei Krankheit, Unruhe, im Alter – und beim Loslassen, wenn Tiere in die Vollendungsphase ihres Lebens eintreten.

ISBN 978-3-941435-31-5 € 12,95

Amelia Kinkade

Tierisch einfach
WARUM und WIE Sie Tiere verstehen und mit ihnen sprechen können

Amelia Kinkade, laut New York Times die führende Tierkommunikatorin der Welt, ist für ihre telepathischen Fähigkeiten weltweit bekannt. 362 S. € 18,50 ISBN 978-3-946959-76-2

Amelia Kinkade

Tierkommunikation mit Gänsehaut

Wenn Amelia Kinkade mit wilden Tieren Kontakt aufnimmt, bekommt man Gänsehaut. Da bittet sie eine scheue Horde von Elefanten zum Eingang eines Naturparks zu kommen. Die wilden Typen lassen nicht lange auf sich warten, einige betreten sogar das Gebäude der Parkverwaltung, um Kinkade zu begrüßen – während der Parkbesitzer vor Angst erstarrt.

365 S. € 21,00 ISBN 978-3-946433-96-5